澗于日記
(一)

國家圖書館出版品預行編目資料

潤于日記

(清)張佩綸著. – 初版. – 臺北市：臺灣學生，2020.11 印刷
冊；公分(中國史學叢書)

ISBN 978-957-15-1838-1 (全套：精裝)

1. (清)張佩綸 2. 傳記

782.878 109014669

中國史學叢書

吳相湘主編

澗于日記 全四冊

著者：清・張佩綸
出版者：臺灣學生書局有限公司
發行人：楊雲龍
發行所：臺灣學生書局有限公司
臺北市和平東路一段七十五巷十一號
郵政劃撥戶：〇〇〇二四六六八號
電話：（〇二）二三九二八一八五
傳真：（〇二）二三九二八一〇五
E-mail:student.book@msa.hinet.net
http://www.studentbook.com.tw
本書局登記證字號：行政院新聞局局版北市業字第玖捌壹號
定價：新臺幣四〇〇〇元
一九六六年四月初版
二〇二〇年十一月初版二刷

6580138
版權所有・翻印必究

出版前記

編輯叢書以保存及流傳資料，在中國已有七百六十餘年的歷史。在這悠長的歲月中，歷代刊行的各種叢書號稱數千部，其中個人詩文集約占半數，內容割裂實際不合叢書體例的又居其餘之半，其名實相符者仍有數百部；即經過商務印書館再三精選後刊行的「叢書集成」，內含各種叢書也有一百部之多。這在中國出版界眞可說是洋洋大觀，對於促進歷史文化的研究與發展實在有難以形容的價值。

但在這樣龐大的數量中，使用「史學叢書」名稱的却只有清光緒年間廣東廣雅書局的一部。事實上：歷史學在中國是發達最早的一門學問，二千餘年來連綿不斷地繼續發展，並且隨著時代演變更新進步。在世界文化史上，中國史學眞可說是一枝獨秀。近年以來，中國歷史文化的研究成爲世界各國學術界一時風尙，中國史學先哲前賢的珍貴而豐厚遺產，更受到舉世的重視和尊敬。惟其如此，我們自然可以堂堂正正高舉中國史學的大旗，這就是本叢書命名的由來。

中國史學的範圍非常廣泛，要想在這一部叢書中包羅萬象，是事實所不許；今惟有在適應當前中外學人的普遍興趣以及編者固人學識能力的原則下，決定一個方向，就是以明淸史料作本叢書選輯的優先對象。

至於史料的選擇取用，主要原則在「實用」與「罕見」，由編者綜合若干有關專家學者的意見而後決定；是這樣地集思廣益，應該可以適應一般需要。

對於史料的形式，也就是版本，儘可能選用初刻或精刻的善本，在「罕見」的原則下自然更注意搜求手寫稿本。

印刷方法是完全按原版影印，不加描摹，因爲此時此地印刷廠沒有描摹的人才；並且爲適合國內多數學人的購買能力，對於許多卷帙浩繁的書籍是採用縮小影印方式，以減少篇幅降低成本。至於罕見的手寫稿本則儘可能地按原書大小影印，以便閱讀。

選印在本叢書內的每一史料也就是每一部書，編者都儘可能地約請專家學者撰寫序跋，指陳其價值或版本異同，中外學人當可一目瞭然其書內容大要。

儘管在編印體例上有若干與衆不同的改進，但一定還有許多疏漏的地方，希望海內外方家多加督責，以便隨時更新。

蔣相澗

中華民國五十三年十一月十二日於臺北市

澗于日記目次

第一册

第二册

第三冊

第四冊

澗于日記

簣齋日記

予曰譬如為山未成一簣止吾止也譬如平地雖覆一簣進吾往也予人以簣名齋蓋取此意

十月初一日晴

晨起洪文卿過訪語西山華陽洞之勝蓋吾輩屐齒不經者若笙少宗伯至新得湘陰書肆主盦二百金秀千林侍御拱樞來譚良實學種至余往答清卿不值過孝達前輩略語之廠肆得田端肅文鏡撫豫宣化錄那恪勤蘇圖畿輔義倉圖二書夜伯潛前輩來談校文文忠祥傳

初二日雨夜大風

復趙青彩司馬書午後之趙氏壻

初三日晴有風

要圖為甥女作伐受顧氏聘午後延汝翼定生母

高鮮墨垣來夜作洪修撰母潘太恭人七十壽文

一首竟讀王文勤奏議五卷

初四日晴

早過伯潛前輩實孚汝翼均少譚即返午後柳門

同成介軒同來是日邸抄傳壽彤降調

初五日晴

林濤師來旁晚伯潛前輩至飯後孝達來話二君

去己月午关許南臺應鏶由贛南道擢豫臬

初六日晴

文卿來午後之趙氏塋夜以義倉圖勘營田水利
圖說閱豐潤縣一頁已多疏脫營田圖與說地名
尤互岐異不甚豁目

初七日晴

午後答廖氏昆仲梧仲山之長椿寺弔劉雅賓同
年繼室未孺人謝黃覲宸林心北均未晤夜讀通
鑑一卷校王文勤奏議竟文勤官京朝時與倭文
端呂文節曾文正相友善世所稱四君子者也以

忤穆相意積資之不遷丁未大考受知
慕陵由編修擢學士咸豐朝署大京兆貳農部以劾
直攝權貴以綜核察臺臣出秉節鉞歷秦晉蜀三
省均有治績同治初再起未入都而卒海內惜之
余擇其言之可法者著於讀書記中

初八日晴

晨過伯潛可莊旭莊午後返院吏送俸米雲來晚
偕安圃過孝達同造柳門以清卿還居兵馬司中
街也與楊鶴峰顧皞民李玉舟同酌

初九日晴

閱營田圖說用義倉圖證之夜大風

初十日晴

四鼓赴侍慈甯門班賀

萬壽節退過子騰前輩介軒同年飯余樂山許樂山

時遷居什錦花園謁常師母歸汝翼伯潛在坐與

伯潛夜譚

介軒頗致箴言謂余自書奩殘後出言多諧謔處

識之是日在車中甚不樂念書奩也書奩五月將

歸贈一字与余曰木君謂余須徵到木字方好孝

達于山中頻賣斯言以為真砭到余病根余自聞

病實在褊在急在卑陋在懶惰在無恒在不能事

然友人譽余者則曰通敏曰高明即其譏我者亦

曰好事曰多誑語譽者非余志也譏者則均是從

不能木未擬作木字說以識吾友遺意

十一日陰晚微雨

今日未能課一事暮再同來伯潛繼至夜二鼓始

去再同言子壽先生為蓮池師命士子日有記錄

積久成帙佳者選刻之此可為讀書程範

十二日晴

早過潛吏午後之趙氏塾夜潛吏可莊旭莊昆仲

來話安圖時適憲台客將散始歸

十三日大風

午後賀吳清卿前輩太夫人歲生香濤來譚夜同孝達緝廷鶴巢康民集清卿台中柳門出史晨碑精拓見示論近日人材清卿以無材爲慨孝達安圖以爲人材抑塞余是孝達安圖說

十四日晴

入城弔寶東山師珣午刻與鄧蓮裳李濟卿樓子通樊介軒張曉蕃趙儀宣酒樓小敘邊門弟子也介軒同車至廠肆別得畿輔七家詩選七家者文

安紀瓞菴吳中山郝復陽浴鋆鹿楊猶龍思聖承
年申晁題涵光雄山王茨菴炘清苑郭佚圖棨任
丘龐雪岩塏茨菴子中丞公令請選集者夜孝達
招飲楚過伯潛至孝達豈已月上矣同集者汪柳
門吳清卿顧晫民及余林姪曾居表後至觀清卿
所藏薛氏鍾鼎款識拓本凡廿六頁卅五葉
十五日晴
十四日有
諭飭廷臣恭錄之
諭曰上年十一月間曾經降旨諭令各部院堂官進

署不得後時為司員率近來召見各部院堂官屢經詢問每以逐日到署奏對乃詳加訪察仍復因循或數日進署一次或到僅片刻虛應故事漫不經心遇有應辦稿件輒令司員奔走私宅或在朝房草畫俄頃之際豈能詳細講求該堂官等皆受國厚恩洊陟崇階理宜激發天良力圖報稱乃竟怠惰自甘不知振作朝廷訓諭視為具文以致公事仍多積壓實未能盡除玩愒成風殊堪痛恨嗣後各部院堂官務當懍遵節次諭旨破除積習奮勉從公常川進署將應辦事互相商榷期于措置咸宜庶無負朝廷

勤求治理諄誡諄諄至意

讀史一卷

十六日晴夜雪

晨起訪伯潛可莊剛侯略談午後之趙氏堂夜趙

筆陔張孝達來談

十七日晴

詩孫來談夜伯潛可莊旭莊招同觀實詩孫酒樓

小酌飲醉而返復過潛公處品普洱茶甚清乃李

君雨農贈可莊者

十八日晴

得容舫書是日訪汪翼伯潛作閑譚遣悶甚念書盦也

十九日晴

夜校水利營田圖說孝達前輩未語

二十日晴

得四兄書即作復牋寄清湖

二十一日晴

過伯潛少語夜柳門偕伯潛兩前輩詩孫舍人均來

八弟將行飲酒甚悶

二十二日晴

八弟之浙江弟來都求官不得甚鬱鬱送之悵
然許武笑人哉過柏潛歸飯至香濤寓略譚假
郎亭乾隆府廳州縣圖志來夜校營田圖說
二十三日晴
郎亭邀過譚壽文石堂旋去遂与郎亭安圃入
廠肆購書過潘畿輔水利四案一書較吳先
生邦慶叢書尤詳
二十四日晴
吳贊誠病免裕寬擢閩撫成孚擢豫藩德馨調
豫臬許應鑅調蘇臬金國琛補粵臬夏獻馨授粵糧道

二十五日晴

入城吊金相國婦喪過樂山介軒略語即返作

水利營田私議一首呈伯潛

二十六日晴大風

過趙氏安儕晚訪伯潛可莊昆季閣伯潛言林方

伯穎叔能治河惜不見用因縱論及直隸吏材閒

王樸臣炳燮甚誠篤勞玉初迺宣剛正愛民均可

任孝達前輩至乃歸詢讀書之法談至夜分始散

二十七日晴

過香濤略語徽蘭來談

二十八日晴

夜過潛史話遇再同

二十九日晴半陰

到桃山祠祭先生諱日也主事者介香濤延余姊姪入會与祭勉應之忠懿之精氣充塞宇宙原不獨鄉人當祭獨思夫祭之者之以忠懿為主也過再同茗笙略話歸

十一月初一日晴

初二日晴

鄧蓮裳同年邀食魚膾柳門寅臣來

初三日晴
緝廷柏潛何莊來往弔恂予內艱
初四日晴
出門過柳門香濤語
初五日晴
夜清卿來語自津沽歸將引見矣
初六日晴
到趙氏壁是日財盛館再奠葉母
初七日大風
柏潛來語傳悅香濤來安圃丞清卿宴柳門置酒

来招不果往安園入夜始返

初八日晴

清卿来招應之坐客錙叔濤先生席蘭与汪吳同諧香濤来詩雅譚匆匆而别

初九日晴

夜延潛史來語以所作合肥太夫人壽序請正

初十日晴

訪汝翼寶手談午後潛史暨二莊来潛史獨留夜話論文甚有理致

十一日晴大風

詩擇來語与安圃論篆書終日校地里志

十二日晴

十三日晴

十四日晴

同鄉公餞丁廉訪並延張中丞香濤約同去勉赴

松筠庵坐客譚笈甚鄙

十五日晴

十六日晴

十七日晴

吳清卿自津歸送鄙引見是日

召對便殿

十八日晴

議棐書盦詩伯潛謂當手寫一冊古誼可感可佩

江蘇學政林天齡卒于松江賞子開謩舉人

命毓慶宮授讀侍郎夏同善視學江蘇

吳大澂以道員發山西交曾國荃委用

十九日晴

二十日晴

二十一日晴

二十二日晴

名見截取道給事中張觀準截取府御史孔憲轂

二十三日晴

二十四日晴

諭旨中飭疆臣偏袒同鄉護庇年世交誼將弁虛扣名糧冒領軍火樞臣勿避嫌怨部院大臣亦戒因循仰見

聖人求治之切一二具臣其知媿悚否耶

二十五日晴

入城視常師母壽飯後始散卑師因病請開缺聞明日疏陳矣

二十六日晴

皐師以病免

二十七日雪

合肥以潘霨之母捐振請額不允

二十八日晴

二十九日晴

三十日晴

十二月初一日晴

初二日晴

廖氏昆仲召同清卿香濤鐵生諸前輩甲橋延于小

集廣和居散後香濤請卿過我少談

初三日晴

初四日晴

初五日晴

讀香濤前輩樊口議

初六日晴

初七日晴

御史孔憲瑴以樊口建閘築隄有關農田水利請

派大員覆勘不允附劾方武昌大隄命潘蔚查辦

初八日晴

初九日晴

初十日晴

十一日晴

十二日晴
安圃為友人招飲密繕疏懷之有客至縱談近夜
分始去初不知余將待漏也二更後驅車入
朝論大臣子弟不宜破格保薦

十三日晴
上諭翰林院侍講張佩綸奏大臣子弟不宜破格保
薦一摺據稱四川候補道寶森係大學士寶鋆之

第特膺保薦恐以虛譽邀恩刑部郎中翁曾桂係
都察院左都御史翁同龢之子並非正途出身
不由保調坐辦而京察列入一等恐為奔競夤緣
口實等語所陳絕無瞻顧尚屬敢言丁寶楨特薦
寶森著有何項實蹟著該督據寔奏聞毋稍迴護
所稱寶森前官直隸並無才能一節並著李鴻章
查明寶森在直隸時官声政績究竟如何詳細具
奏刑部郎中翁曾桂平日差使若何此次京察因
何列入一等着該部堂官據實覆奏至司員不由
正途出身京察保送一等是否與例相符並著吏

部查明具奏欽此

何廷謙病免祁世長衔　命督學直隸午睡醒出

門過弢蒼晚來若笙右飲長譚

十四日晴

何鉄生張子騰過談

十五日晴

孝達邀飯以余疏太辣亦頗称其膽

十六日晴奉　旨停捐

十七日晴

十八日晴

上諭吏部遵查捐納人員京察保送一等曾于嘉慶
年間欽奉諭旨載在例文惟應分別年資統計歷
俸試俸並無不准保送之條刑部奏郎中翁曾桂
在部行走十餘年才具優長實堪一等向無不由
係調堂辦不列一等各一摺翁曾桂既據該部奏
稱列入一等並無不合張佩綸所奏著毋庸議
起居注書改送內閣子騰出缺聞清卿接河北道
歸睡
十九日晴連日頗有春意
御史樓譽普疏劾抽查漕糧御史英震營私舞弊

命倉場侍郎查辦

二十日晴

二十一日晴

得吳子備書王慶來詢悉子儁眷愛消息太夫人

甚憐惜之也

二十二日晴

二十三日晴

夜過儁堂侍御略話

二十四日晴

邀同人小酌以豁煩悶

二十五日晴

鶴巢招同清卿皞民蔣迪甫戶部小酌義勝酒樓

二十六日晴

寄南中書

二十七日晴

夜伯潛前輩招同孝達可莊旭莊及余姊婿同酌

可莊以林夫人（沈幼丹制軍婦林文忠女也）所書聯分贈坐客

蓋文勤出使時沈幼丹所作而夫人代幼丹操管

也四坐賛歎以為勝幼丹書信筏

二十八日晴

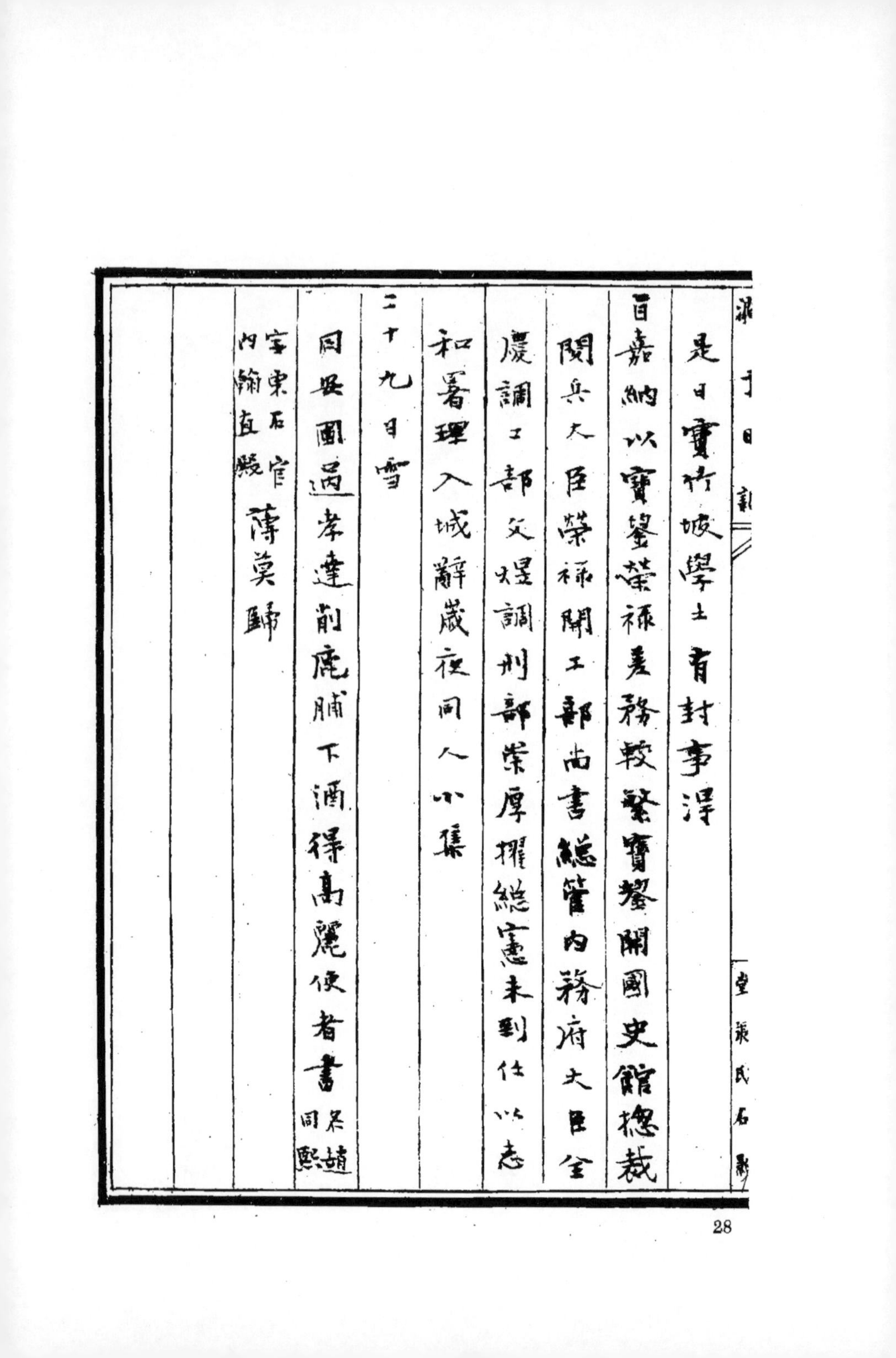

是日寶竹坡學士 有封事得
旨嘉納以寶鋆榮祿差務較繁寶鋆開國史館總裁
関兵大臣榮祿開工部尚書總管内務府大臣全
慶調工部文煜調刑部崇厚擢總憲未到任以志
和署理入城辭歲夜同人小集
二十九日雪
同安圃過孝達飭庖脯下酒得高麗使者書名趙同熙
室東石官内翰直殿薄莫歸

簣窗日記

己卯正月朔日晴

三鼓入内辰初與桂杏村少詹慶雲橋學士張子騰侍讀侍慈甯門班禮成辰正二刻百官於太和殿下行朝賀禮出城為諸知己賀歲何鐵生張孝達王可莊旭莊陳伯潛前輩旋至

初二日晴

初三日晴

孝達招同伯潛前輩可莊同年再同編修安圃舍姪同游慈仁寺老松殘雪殊有閑趣晚飲於

廣雅堂伯潛以宴客歸至巳席散矣
初四日晴
夜孝達來話
初五日晴
入城答客過耕濤師申刻柳門處飲
初六日晴
安圃初四日小病至今未愈過潛公小飲
初七日晴微陰有雪意
過孝達略談致吳中補書
黎撫部以賀長齡遺愛在民請湖濱原官予謚

並傳建祠得旨斥其冒昧並倫祖同鄉不允所請
仍交部議處近年請謚過濫得此足挽狂瀾論者
或謂賀公賢者黎亦邊材爲惜不知賀之賢不在
官之復不復黎誠才此舉甯得爲公爭吾以爲
聖人嚴明治家也

初八日晴

喜都護昌來辭行詢及吉林情形言有瓦里霍
屯地可耕有里金人忠而強宜致之爲授敵誌
之蒼翁邀話閒柳門伯潛過拔始返夜詣孝達

初九日晴

鍾編修德祥過訪談臺灣事甚詳沈幼丹亦議
丁雨生鍾嘗客張總兵其光幕下保之勦臺灣
事務廣西人丙子翰林廣西余惟識曹謹堂極
篤厚鍾云亦識謹堂他日嘗詢其人品何如也
適可莊兄弟祝其太夫人生日全輔臣同年處

初十日晴

香濤過談于次豐前輩鑅至勸勉甚殷質直可
重館潛未晤未刻香濤招同清卿柳門文卿伯
潛諸前輩張吉人武部屢顧竦民觀瀾小飲安
圃以疾未往

十一日晴

柑濳過語繆小山編修見過君荃孫江蘇人香濤門下能鑒别金石校勘經史時髦也

十二日晴

偕孝達游廠肆

十三日晴

偕孝達健庵游廠肆旋飲于孝達寓中清卿亦至

十四日晴

約孝達清卿柳門同之廠肆

十五日晴

通唁韓氏初一生子十四其已子先期殤代爲挽聯伯潛來談夜深始去

十六日晴

同孝達游廠肆

十七日晴

奎樂山觀察過談

十八日晴

子涵令妹加笄約陪冰人日鍾雨辰日樓子涵過夜香濤搖往張吉人處看蜀石經殘本周禮左傳穀梁傳吳汪二前輩在坐

以英震一案迄今未復飭倉部迅即具奏

十九日晴

過詩孫得吳子儁春屬消息之伯潛宴于恒年丈右體偏重自昨日至今方略見效也

二十日晴

崑生來夜香濤過語廖仲山授河南學政

二十一日晴

過伯潛詢于恒丈疾夜詣孝達

二十二日晴

江西按察使國英陛辭入城答客

二十三日晴

孝達前輩過談，夜，漱蘭前輩招同李芷園、許仙屏、吳清卿、汪柳門、張香濤諸前輩小集宴賓齋。是日聞潘伯寅調戶部左侍郎，知察典頗有降黜，未得其詳，從友人假得李雨蒼都護論西域文三首讀之。

二十四日晴

伯潛招同清卿、孝達、柳門、文卿、潤生、可莊飲。讀邸抄，知樞臣開復處分，左李沈優敘，穀侍郎以戶部改禮部，仍直上學，侍郎惠泉、德椿閣學載慶均原品休致，自同治初元後察典有甄無

別至是觀聽為之一快嘗戊寅求言詔下予儀
疏陳十事會及察典留中不報嚴莫竹坡學士
聞亦論此殆
天心早定二臣之議偶契宸衷也
二十五日晴
張兆棟以憂去裕寬調廣東李明墀擢閩撫黎
培敬以前案降五級調用以張樹聲代之
二十六日晴
清卿文卿柳門伯潛孝達及張赫憲武進堂中
小飲

奉伯儕師開缺三品以下京堂察典休致太醫

二人

二十七日晴

林憲招飲潘祖蔭擢態憲翁因蘇卅刑部尚書

王文韶調戶部祁世長擢禮部

二十八日晴

柳門來語夜過孝達

二十九日晴早雪

早赴過郭廉翁孝達來与柳翁晤談過伯潛与

仲韍談

三十日晴有風

飯後答客夜啐民安圃集請卿坐小飲文卿至旋去入夜二鼓許香濤就談

二月初一日晴風甚大

輔臣召飲客但潛及趙鐵山於部借楞嚴經閱之是日王之翰因昨日召見不稱旨開署礼部侍郎缺以許庚身署理

初二日晴

子涵令妹受王氏聘邀余陪媒

初三日晴

至朱處賀喜子涵妹嫁王夔石世兄慶楨

初四日晴

初五日晴

昨日偕驛民於廣惠寺歸知李蘭蓀師見招清晨赴之論會館事過朱宅偕新郎緝庭過我少話文卿邀清卿緝庭孝達伯潛張樹憲汪柳門小集

初六日晴

晚孝達招同人集寓中小飲

初七日晴

同鄉集議松筠庵到者沈李進祐瀛郭長清梁彬及孝

達与余年桂侍郎清卒

初八日晴

送清卿賀何鐵生娶婦

初九日晴

伯潛寫壽詩吉成孝達來語

初十日晴

何鐵生前輩招飲赴之王宅會親答文林于前輩黃侍御請復河運殊謬

十一日晴

段鼎耀以冒銷振銀四千兩曾閭請斬監候

特旨正法原奏官司業汪鳴鑾也
大哉聖人哉一貪吏足以儆動百寮彼姑息者苐恐
一家哭耳

十二日晴
過孝達略話知東鄉案已奏入鄭溥元劾山東撫
臣文格
命盧壽錢寶廉往治之於是漢侍郎僅實任三人矣
使星絡繹亦近年所罕有也

十三日晴
東鄉之獄李有恆忽認忽翻

命嚴行審訊灌縣陸工丁寶楨欺飾乖方與丁士彬

陸葆德均交部議嚴夜過孝達談

十四日晴

孝達來語伯潛踵至小酌

十五日晴

十六日晴

蘭師約孝達與余同詣過柳門

十七日晴

莒筆招陪張振軒

十八日晴

王夔石來緝甫伯潛均來

十九日晴

丁寶楨革任處分改為三品頂戴留任丁士彬陸葆德均革職孝達伯潛來談

二十日晴

張藹青來訪

二十一日晴

許竹篔來午後袁子久趙寅臣陸蔚庭來若生見過

二十二日晴

賀柳門得中允之喜信笹仙兄喪

二十三日晴

二十四日晴

張子騰來時奉

命在毓慶宮學習行走

二十五日晴

過李蘭師時將扶櫬歸也坐中遇杏濤是日柳门

文卿均來

二十六日晴

上河運費鉅艱深萬難規復疏商人李鍾銘開

設寶名齋書鋪工部尚書賀壽慈妻以義女与

之因緣為奸利長西臺時科道率引李為援干

求差使楊玉科方濬頤等賄通權要李寶主之

聲勢赫甚余因附片請

旨飭逐

命都察院訊奏其揑稱賀壽慈親戚詰問該尚書

其人手眼甚大不知能得其要領否待漏下直

至三藐菴奠送李太夫人午後伯潛香濤均來

二十七日晴

駐藏大臣錫縝奏請開缺其人覬覦京秩憚遠引

荷可根伯潛在坐

二十八日晴

賀壽慈以商人李鍾銘並無真正戚誼素日亦無往來

覆奏得

旨都察院確切查究據實具奏

二十九日晴

伯潛香濤前輩來話

三十日晴

聞香濤得司業甚喜伯潛來話孝達亦至

三月初一日晴

健養至院署接見香濤託書謝袁倩朱韋庵寫之

鶴巢來話伯潛得撰文

初二日晴

袁子久侍讀招同吳柳堂侍御端木子疇舍人何鐵生編修張孝達同業黃漱川比部小飲以子疇欲見孝達及余而孝達欲與柳堂接也柳門來譚夕孝達弢菴過我聞徽蘭得學士

初三日晴

予涵招同輔臣陪王稚夔公子行反馬禮也賀徐季和閣學娶子婦夜孝達來話

初四日晴

內子震將九月忽吐血升餘時方歸甯述之歸委頓殊甚可莊來話端木子疇過訪夕柳門孝達均來潄蘭以賀壽慈覆奏欺罔抗疏糾之得
旨著該尚書據實覆奏並著都察院堂官會同刑部嚴訊該商學士此疏深得詞臣之體視李御史之毛舉該商為進者固佳即余之避實擊虛亦自媿勿如矣

初五日晴

作楷數百字

初六日晴

賀尚書壽奏以曾向李鍾銘所開寶名堂買書並
於演龍輴車時順道至該鋪查閱書本
上以該尚書此次所奏各節前奏未據實陳明且恭
演龍輴車係承辦要務所稱順道查閱書本殊屬
非是賀壽慈著先行交部議處佩綸於友人坐中讀
此
旨謂進退大臣有體矣

初七日晴

派出隨扈同行五人貴午橋恒黃漱蘭體芳福振亭錕

英和卿煦劉小甫燡夜柳門來

初八日晴

過伯潛飲其夫人生朝也

初九日晴 合肥來答拜之

初十日晴

伯潛招飲賀尚書降三級調用

十一日晴

夜飲孝達處

十二日晴

十三日晴

十四日晴

譯民歸自天津來此夜話伯潛亦至

十五日陰

伯潛來賀君生得兵部侍郎

十六日晴

至下斜街估工午後孝達學中作課

十七日雪

懷庭中暮春雪中先景冒次作惡數刻伯潛黃

濟川貴午橋均來

十八日雪霽

孝達坐中作課大女生

十九日晴

內子患見枕痛號叫徹夜晨始安恬

二十日晴

詳東陵行紀至廿九凡十日其初一以後事附見

閏月十七日晴

陵上歸來久甚疲苶又遭柳翁之變意興闌珊久不理日課而半月來慈親及內子均日延醫診治令人終夜不得安枕悶急之至

是日柳翁疏入奏

懿

旨令王大臣大學士六部九卿翰詹科道妥議具奏

適劉使已歸乃知柳翁於初五日卯刻仰藥自盡

讀其與廟中園道五紙上有血點蓋初擬自刎復

擬自縊以日綫三尺餘繯結書十四字曰九重懿

德雙慈聖千古忠魂一恵陵旋以無梁可懸一

板度門上動搖易墜恐有声致救乃服洋藥以終

可謂百折不回矣

王稺夔公子來訪訊慈侍疾適服秦春帆戶部

藥已見痊可矣夜柳門前輩來香濤司成踵至

與論會議事余以為惟有請明降

懿旨嗣後傳授大統之皇子即係

穆宗毅皇帝之嗣最為直捷痛快香濤則主兼祧之說

而又恐涉于趨時余于兼祧之說亦以為是而以為

臣下直不必論亦直不可論故俟香濤言及趨時一

語甚贊嘆之香濤甚愠疑余請其作張璁桂

萼忿爭良久余嘗謂南皮人甚虛懷而貌似拒

諫人甚愛士而貌似侮慢皆此類也彼此皆以正

直自信豈有因其一言而疑為諂附者乎他日當

再亟諫之以盡朋友之道亦足見君子和衷且頗不

易而望与小人共事耶余其休矣

十八日晴

晨起有投一書於門者曰粤東布衣古銘猷其詞曰前月遷侍御吳柳堂先生以身殉諫識者悲之公直聲震天下九重嘉美海内傾心俾侍御未伸之志非公而誰會議特但當據理直言不可稍有惕疚以失朝野之望以辜暑蘭之知天下幸甚士林幸甚猷伏而不出人微言輕未識荊州冒昧上瀆踧踖之至拙作四首錄呈國是誰能以命爭烏臺稱重爭冠輕不圖一死從容甚我為先生熱淚傾日鬢霜飛年七十青楓憐浦月三更料應御案

人含笑從此年年侍惠陵清時節不尚龍干恩重何容一死拚地下竟逆先帝去人間早嘗古人看文如韓愈迴瀾久事比宋雲折檻難可惜史鰌生太早不知隔代有梟鸞三間老屋夕陽邨煙樹淒迷蒋蓟門仁裕不辭歸光澤里牧之竟葬樂遊牌絕無懷忘識見廿直以心肝奉至尊一樣征夫沙磧死糢糊敢信忠魂非夫人慟而誰為公而他人我而公乎老居然追古直旁人未免惜愚忠生無前輩誰知已死果留芳即者終莫上金臺高處望五更風雨蓟門東詩格不甚高而大致尚合其人

知重柳翁且致全書中規勸數語亦見直道斯真

不愧姓吉矣全截答以講讀不預議告之

春帆來談是日大雨弥月午後過高陽師得見冢

萷疏答子久濟川杏濤柳門歸潤生在坐瞟民寄

一書來並以詩哭柳堂侍御尸諫從容竟叩閽疑

君真有戴盆冤求仙不悔金丹誤鑄錯還君鐵案

翻共說賈生能痛哭獨從望帝化春魂工愁更念

張本子蘇〻鄰春合開門用玉溪生哭劉司戶韻也

十九日晴

柳門約孝達仲潛及余林姪同話雲孫在坐午後歸

偕伯潛訪再同不值夜再同編修孝達同業集跋菴
處余後至論柳翁疏意與再同意不合以其引証
甚博嘿然未有應之
二十日晴
午後過伯潛處遇再同
二十一日晴
大裕奉派陪祀是日到遲不克入午後與仲獻孝
達集跋菴處略話
二十二日晴夜大風
悶甚不能作書過香濤柳門兩處略話

二十三日晴

延春帆為慈親定方慈親意在南行但病中斷難就道余自東陵歸用世之志銳減重以親病益欲抽簪養志侍奉南征但叔水無資不能自決耳枯坐瞑想萬念奔馳至華佗廟求籤方親命也

午後春帆又來子久鍾生春帆言有三河查君頎捨地十餘畝為柳翁葬地子久言內閣定稿主駁引

高宗不違禮貽訓中有漢臣雖舍死諍名者亦不免云云為証王稿者王憲曾陝西人也朝議與評何大懸

絕卽

闕右恪請有疏請將吳編修事實宣付史館附見

旨三人不知

聖恩若何

昨夜不能成寐借柳門北江筆譜曉讀書錄諸

書讀之

二十三日晴

二十四日晴

二十五日晴

二十六日晴

二十七日晴

二十八日晴

二十九日晴

三十日晴夜雨

蕢齋日記

七月二十日晴

自四月初六酉刻遭生妣毛太恭人大故苫凷偷生不啻匆交楄木二十八日奉靈櫬暫寄官菜園上街觀音寺僧廬伴宿親友均以禮規戒不得不延息以求勝喪時內子已病劇旋于五月五日巳時下世哀痛中不復覺喪婦之痛惟憶坡公亡妻墓誌君得從先夫人於九原余不能兩語不置二十五日以其柩附厝佛舍七月五日所生女韵蘇兒小名簪殤四九九弟亦自浙

豐潤澗于艸堂

奔喪至十六日百日設祭謝客三日人如夢如
疑其酸惻悲涼非筆墨所能盡者
蒼潛兩兒暫寄舅家月以十金資之不得已而
出此下策如何如何
清晨駐車出門孝達贈醬菜常師母贈素羊裘
師友之誼可感至廟中靈前收辭較三月間隨
扈就道時真如隔世不覺血淚霑裳酸凄填臆
至筱峯京兆苫次略話圃亦以內艱在廟也出
齊化門赴通去年今日正為主盦執紼憶及增
痛張君文虎舒藝堂隨筆六卷為朱景庵編修

所贈久鏞內閣篅中行篋取以自隨書眉略有朱苓人遺墨祇惟淺學輕易涉筆本不足取幸皆就前輩所言與相訂證可免孟浪之譏而酒底燈前吟聲在耳又觸我幾許悲褱矣

住韓家客店

二十一日晴未刻微雨一陣旋止

通州曉發歷馬坊馬頭兩鎮而夜泊香河行一百五十里逆風故也

閱莊子一卷

二十二日晴雨相間

過河西務小泊詢秋成分數沿河大熟近城均若潦以沿河有河淺水也甚矣吾民之惰於溝洫河西務屬香河天津有閘別有一局咫尺相望舟人云屬工部不知其詳俟攷是日天特雨特晴舟時行時止行一百八十里泊韓口河西務屬武清舟人誤以為香河香河至河西務五十里河西務至蔡村五十里蔡村至楊村五十里楊村至韓口三十里

二十三日晴

辰刻微雨津沽水益大通商大臣署前浮橋圮改作之午刻抵三岔河泊舟暫寓針市街大伙

堂張氏石景

卷顧皞民觀察許往謝合肥相國相國初有書
与張藹青欲邀余入幕至是面訂之与論事
頗承肎可而畏讒畏譏之心正復不免聞高陽
師以余南下囑合肥加意相待可感也歸寓与
皞民相見談次涕淚交頤不堪回首

二十四日晴時雨

申刻合肥來答拜承假白金千兩為營葬之需
并委四兄充津捐局紳士月領三十六金先世
交情之耐久如是孤兒真感德銜悲也寄家書
及宗書孫子授書

二十五日晴雨相間

坐豐順輪船赴上海夜到招商局以合肥託其支應行人也葉同知送至舟絜官艙一間為余設卧具始去

二十六日晴

夜漏四下放舟有風甚顛簸余以憂勞餘命復歷重洋氣體不支嘔吐大作向夜萬念環起熱淚縱橫幾不知置身在何許轉無復搖蕩傾側之苦矣

二十七日晴

至煙台已刻就泊夜始放行輪船司事以所居官艙多風復易一間果較寬綽〻會風定濤平竟無所苦皞民假南宋雜事詩兩冊閱其注中瑣聞碎錄以資消遣未暇記也

二十八日晴

天色軒明墨水洋亦平靜可渡

二十九日晴

未刻抵上海吳淞〻礮臺已成殊不得勢坐小舟寓裕通恒棧午晉許入城拜夏壽人師師益衰老矣談次悽然時肄業龍門書院因就見院

長劉融齋先生熙載承以所著持志塾言藝槩兩書相贈時年六十有七強飯健步念吾母甫及大耋使人子謹於扶持何遽及此坐不成酬對遂退壽人師留飯談兩家事增悲益痛耳見世兄元燿年二十夜失眠

八月初一日晴

買舟赴南匯葉君送至舟詢以招商局弊竇云二唐目緣為奸利順風渡黃浦夜泊新場距南匯廿四里是日更換學政不知諸知己及安圖有司文衡者否

堂張氏石影

初二日晴

晨抵南匯吴子備聞信先來少譚同入城拜圭奩之母見圭奩夫人及公子毓燧甚出壯秀靜子備留素飯未刻返舟子備又來送子備声音形貌与圭奩有張氏二嗜之似睠念之甥殊多感觸而余處此艱遭九原知己亦當為我酸咽也子備言崇明轄洋面太寬有陽山石硅礬內處漁户械鬥窩波往往搶越宜設營汛以專責成並言據日本海中數百里邨有小島云華民貿地濟日本不佔據始錄之備攷

由南匯回舟至新場已更鼓動矣十二里至航頭十二里至羅家滙舟未至匯回潮來野泊四鼓過羅家匯又十二里至閘港順風過黃浦

初三日晴

余昨不適服予備藥即就枕醒則已達閘港矣使非風利則逆潮不能過浦又須候至午後此天憐也讀朱子家禮吳督部棠刊本案王懋竑白田雜著以家禮非朱子之書紀文達輯四庫書目深韙其說特以從宜從俗錄而存之然家禮實亦不合乎今之宜協乎今之俗士夫平日

既以講求喪禮為大忌臨事瞀亂無所適從實多負疚今年

惠陵會葬敬禮臣不嫻儀節者臣全無威容一切草率深可痛哭及遭毛太恭人之喪不孝學既空疎性又迷罔欲思略存古意勉盡人子之心精孝達博雅伯瑨果決資為考核而習染亦深仍不免牽于流俗安得博雅君子纂家禮一篇得古人之精合時王之制簡而可行使人人臨變不亂乎

讀漢書韓信傳班氏將蒯通說詞刪去較史記

淮陰侯列傳相去霄壤

舟行一百里宿青浦北門外閘港至豆腐浜六十里至青浦又四十里實則四九三十六里四九者吳人土語也

初四日晴

讀公孫弘卜式兒寬傳入卜式似不類贊中云

質直則汲黯卜式長孺社稷臣及睞之与牧羊

兒寬等手無堅殊無識

平當傳漢興唯韋平父子至宰相案絳侯條侯

亦父子宰相也班氏何以遺之

夜抵蘇州自癸酉至今七年矣

初五日晴

晨起至金太史場寓朝叔母及大嫂均健諸孫林立矣与容舫譚撫今追昔益覺悽然寄八弟及宗五書

初六日晴

至仁壽菴謁　田淑人借所吉遷遷五兄柩于培德堂

初七日晴雨間穀成殊損

至元妙觀清河書畫舫伯驌高宗特嘗奉詔寫天慶觀樣命吳中依樣造之今元妙觀是也趙伯

驌仕至觀察使妮古錄趙伯駒与弟伯驌並以
畫名精於書畫所謂趙伯駒之元

初八日大雨

寄八弟書

初九日陰雨

容舫出二兄遺著共讀其成書者曰周易增正
孝經注又有手校管公明別傳風俗通兩冊〻
兄少有足疾讀書養痾所藏秘籍三五千卷兵
火中均入劫灰僅存此吉光片羽可悲也

初十日晴

出門謝客在京來弔者吳廣安刺史承潞寄賻者況諸雲復慶吳誼卿大衡陶藎亭

霖達同年王祿景禧李文耀張庭蘭午後至蓮
御史張沅辰
溪謁大兄及諸兄姊弟靈入目慘然淚不可
遏敍還庶母李太恭人靈輀于外舟中容觴言
劉園已屬盛旭人康木石重新矣改名留園俞
樾有記特顧予以新創怡園於尚書里盛顧均
以道員解組坐擁鉅貲者也盛方入都候簡
廿一日晴
還李太恭人柩于舟
廿二日曉霧漸晴
奉還先妣曲淑人靈櫬至舟即日擬解維而北

而佩綸頭眩殊甚叔母堅留之養痾舟泊薛門

外寄孝達書

十三日晴

得都門二姪書知禾衙使命十一日吳君承潞來訪已見學政全單矣謀進止之策夜与容舫作書復之勸其挈婦子南旋亦無聊極思耳

十四日晴

得四兄書知於初四日到天津即往津梢總局

九弟寓旅店措置殊未安此心惴然欲急北發

並鄉百日適在中秋必以今日設祭度兄輩亦

哌正哭毋也

十五日晴

毛太恭人生日不孝何以為心

十六日晴

同容舫至直隸會館一游故拙政園也張子青先生撫吳時章鄉人劉倬建長康司事今已漸形荒落在都時与李蘭蓀師張孝達前輩方營畿輔先賢祠當作書告之務眘選司館之人以此為鑒也

十七日晴

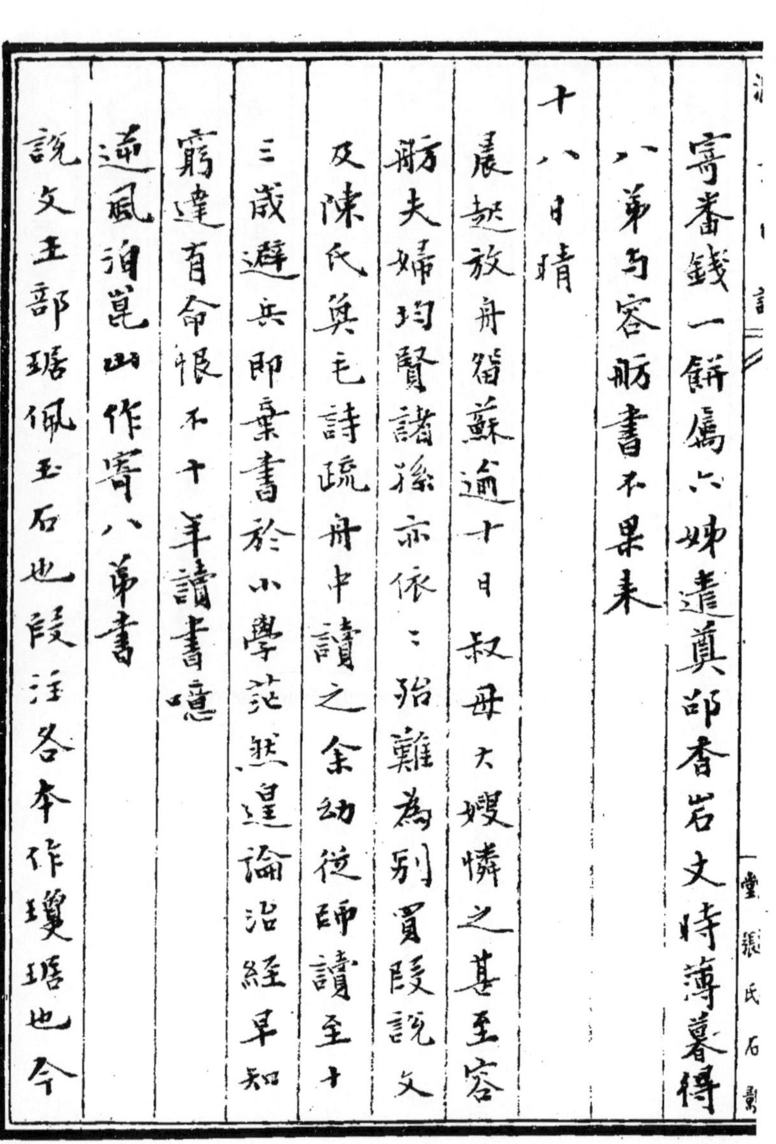

寄番錢一餅屬六姊遣眞邵杏岩文時薄暮得
八弟寄容舫書不果來
十八日晴
晨起放舟詣蘇適十日叔母大嫂憐之甚至容
舫夫婦均賢諸孫亦依依殆難為別買段說文
及陳氏奐毛詩疏舟中讀之余幼從師讀至十
三歲避兵即棄書於小學茫然遑論治經早知
窮達有命恨不十年讀書噫
逆風泊崑山作寄八弟書
說文玉部瑀佩玉石也段注各本作瓔瑀也今

正詩鄭風正義釋文皆引說文瑀佩玉名衛風釋文又引瑀佩玉名按雜佩謂之佩玉見周礼大戴礼玉藻詩鄭風秦風衛風尚書大傳贊以名字語不可通瑀乃佩玉之一物不得云佩玉石也毛公大戴皆云瑀琚以納閒許君以瑀字廁於石次玉之類然則名字為石之字誤無疑佩玉石者謂佩玉納閒之石也木瓜毛傳云瑀佩玉石也許君用之今毛傳石譌為名莫能是正陳奐親受業於若膺先生其木瓜疏不改名字後箋以段為誤不知段云木瓜毛傳云瑀美

佩玉石所據何本余淺人不敢妄定

十九日晴

昨夜睡不安早眠始酣逆風行九十里泊黃渡

主翁有黃渡寄弟寄內詩上海轄

步〻部歲木星也越歷二十八宿宣徧陰陽十二

月一次〻〻步戌聲律麻書名五星為五步段注

〻〻釋〻〻步之意近人張文虎以律歷九字為後

人妄增殊繆

二十日晴

叜部叜老也〻〻又灾鉉本作〻〻又〻〻灾闕段注

一堂張氏石影

引元應曰又音手手宊者衰惡也言脈之大候在於寸口（籀文叜從寸）老人寸口脈衰故从又從宊也此說蓋有所誤叜之韻會引說文从又宊宊者衰惡也蓋古有此五字而學者釋之張文虎曰又部叜老也从又从宊闕案許列叜字於攴字之下當是从攴非从又以不列攴部故以類坿此（玉篇別立攴部而叜字仍在又部蓋所見許書已誤）其籀當作叜从宊之義不可攷矣姑以意說之宀者交覆宊屋老者所安居也耳部耿字解云耳箸頰垂疑此亦象耳老頰垂从攴者家所尊也韻會

引有突者褒惡也五字此妄人所增元應從為之辭鄙矣佩綸以突之意不傳元應說固未愜心責當張君文飜附會尤陋為可笑從歸取嚴桂諸說者之並質之孝達也

逆風午刻抵上海

二十一日午前雨午後晴

寄容舫書附復八弟書

寫定豐順船票得四兄書

吳子儁於余至南匯時面贈百金為賻縗且非禮也余以子儁故不欲作色峻拒至是作書卻

之略曰佩綸航海而南孤行三四千里未肯輕見一人惟買舟入境踐先友登堂之諾其意居固知之矣面賜贐金豈敢固辭但以義始而以利終虧之先友必曰非空硜硜之私尚乞垂鑒番銀百餅遣使納上孟子曰恭敬者幣之未將者也然則天下事在敬不在幣可知矣僑吏才甚勤敏惜乎浮華不實殆難與圭盦相提並論也一家競爽豈易事哉

廿二日晴

午後與夏壽人師晤譚欲買桂說文書賈以湖

北局刻未售孝達序在簡端問其爲誰曰乾隆間人洋涇僅書坊四處可慨

中報中見沈督部漕項難以議撥海運難以議分疏與余官侍講時論河運難復大致相同沈公歷事老練所言自與新進不同但專駁畢河倉部之疏亦主復河運而於黃御史所奏不一及豈其疏未寄出耶抑大臣論事不必照顧前後耶不可解矣明發之旨不應未見壇直詔書挂壁而已

廿三日晴

未正恭奉

靈柩上豐順船葉顧之徐雨之兩道相晤告招商
局情形知今年較可支持蓋葉君粵人与洋商
熟悉又家業已足志在求榮不若朱雲甫之欲
名利兼收也寄蘇州書
廿四日晴大風
二十五日大風微雨
兩日舟中苦狀可想
二十六日晴
到煙台已未初矣
二十七日晴

至大沽口水淺候潮望見礮臺對峙假使兩軍相拒時我伺其舟闇淺時為簡之師迫人於險阿奴未免必為下策耶穌教中人聞吾語亦怖否

二十八日晴

午刻潮至舟已卸載及半始入口抵紫竹林已夜分矣

二十九日晴

清晨招商局員葉同知邀至局中小坐時已覓定馮姓船即飭局中工役恭奉

靈柩過舟唐觀察廷樞局總辦也來謁道飢渴以小輪船送至三岔河水大湍急乃頗賴之寄南中書過睦民略話至夜返舟勞苦愁痛之餘心氣覺虧虛陽發越夜睡時中宮微張苦甚四兄覓舟當同去也

九月一日晴

得安圃書知姪女已於八月廿二日下世為之淚下僕本恨人更多感觸因憶姪女來都營嫁時如在目前不堪回首安圃出都之計不果作書復之

夜讀吳竹如先生年譜竹如與倭文端師以理學相切磋卒年八十一先生謂李文清德行粹然惟學術尚未能純一論殊偏刻講學家習氣也古人講學嚴於律己今人講學苛於責人余宜慊之反復不成寐此心萬念循生不能自制

初二日晴

至睪民處復安圃書為壽人師事浼睪民懇請鄉作書致劉芝田午後歸祐叔隅來譚七年未見矣靜堂遣問

初三日晴

堂張氏石影

合肥相公命開礦之道員唐廷樞送行以小火輪船帶余舟而前七里海攝河淀与河連成一片潮平端急順風相送行一百六十里至蘆台泊梁頭屺津三岔河三十里新陀七十里至蘆台六十里

禮親王嘯亭雜錄外舅大理公盛稱其書無所紀如云張清恪与噶礼互劾之獄為其母見上言予貪狀因置礼於法語殊失實滿洲名臣傳噶礼因張清恪劾奏落職其後為母所訟伏法豈非一事也他若兆文襄謚作兆文毅及謂錢宮詹所講字書株守許氏說文別體者皆遣排

豐潤澗于艸堂

斥則陋矣然五朝遺事頗賴以傳亦稗史中之
佳者
初四日晴
唐君舟之煤辭之順風行一百八十里至豐台
豐樂橋下族人佩績佩紀表弟孫履慶已候六
日矣
初五日晨陰旋晴
豐台距齊家陀四十五里道積潦不可行奉
臺輿過小舟至青陀水程三十里過西淮沽環莊
西濟陀舟行田埂上水深四尺餘抵青陀已申

刻扶

靈輿宿王家店

初六日晴晨微霧

奉

靈輿還齊家陀合族來奠謹甃奉第二層蘆舍中

初七日晴夜大雷雨

至大王莊十八里過李保寨報書陀今名抱子頭來臨務今名楊家莊高門口坎上過泥河至莊地窪於余村與趙菁衫之兄字香同知話菁衫予恩澎字丹來曾執業門下六侍坐爲歸而雨至

初八日晴大風

同四兄至缸窰舅氏時母舅已下世兩表弟福

長二十五歲福鴻十九歲奉其生母以居逆風

行五六十里甚苦

初九日晴

午後由缸窰至喬家屯時唐廷樞承合肥檄開

礦唐山立局於屯上洋人七工人數百羣處民

初驚疑近稍相安唐君延江西李錫蕃昌言來

局精堪輿特薦与余因往迓之時唐尚未至留

宿局中

初十日晴
唐君至時已約李君行遂歸李君江西南豐人年六十四主蔣大鴻盤磚以三元旺氣為說
唐山以唐太宗征高麗駐蹕得名有支山名眎甲石開礦處俗名鉄菩薩山
十一日晴
同李君至
祖塋周歷以為局勢甚大合武曲金星格步行十餘里於莊東得一穴又於歡喜莊東南得一穴後有窰前有水然二穴一嫌逼近他姓墓一嫌地勢太

窘余及四兄意尚未愜也李君人甚誠篤然可親吳前輩嘉善之兄歿於上海遺一女一子李君賙之甚至可媿士夫之澆薄者

十二日晴大風

至八戶莊東覓地午後歸安圃自都遣人至以定計南下促余回京先是安圃決計明春再返蘇州以書告余未十日而又改圖則余已四出覓地頗有就緒不能兼顧矣使者以昨夕來即作書復之

十三日晴大風

送李錫蕃還唐山道出中門莊詢吳仁波家則零落難言矣為之立馬踟躕先是唐山開礦欲延公正紳士与居民聯絡苦無其人又欲開王蘭莊故河以利運合肥意屬四兄恐不肯就唐觀察廑以為請兄勉允之遂与同道公請入局籌濬水道

十四日晴

自唐山歸

十五日晴

過陀上梁氏買定梁蓺林地三十畝每畝東錢

六十千小祖五千梁氏昆仲四人長麟祥紱廷

次文祥藕林次蘭祥瑞廷次桂祥月上始歸

十六日晴

至前街族人處問候從兵印甲早世配樂氏年

十九撫一孤女纖席三十餘年以完貞操今歲

以節孝旌余入室陪致敬礼庶鄉人知所矜式

乎

十七日晴

議地不成信步至廟中（建福禪院金時創建）双柏下讀金

鄉貢進士碑（李平都所撰）文庸劣不可錄明嘉靖碑為術士

孔經讖術士殆經字爵里不能考工有大陽郡其族望歟 詳後小志

十八日晴

李錫蕃暨唐景星之從姪來

十九日晴

買定梁文元官祖地九畝價東錢七千千至梁坨定券梁蓺林讓戶地三十畝價每畝六十千借豐潤縣志一部

二十日晴

又買地十九畝午前至八戶莊定穴庚山甲向微帶

卯酉先大夫棄養二十餘年始得吉卜不孝之罪何以自贖耶

二十一日午後雨

送李錫蕃唐郁君還唐山

二十二日晴

至八户莊量地計梁䕫林地二十七畝東錢乙千六百二十串梁文元官租地九畝東錢乙千串王福永福順地十二畝三分八釐東錢乙千二百三十八串趙永利地六畝八分五釐三東錢六百八十五千三百復以安穴在梁文元地

堂張氏石影

内酧東錢一百五十千文中人每千串酧三十串凡為田五十五畝一分二釐三毫大錢

二十三日晴

至新軍屯

二十四日微雨

四兄九弟至礦局余所見車中燮借一薄笨車至屯宿廣順永店唐郁居賣銀至畱之同宿以与四兄左也

二十五日作雪不成午後晴

送郁居還唐山由屯啟行六十五里宿玉田

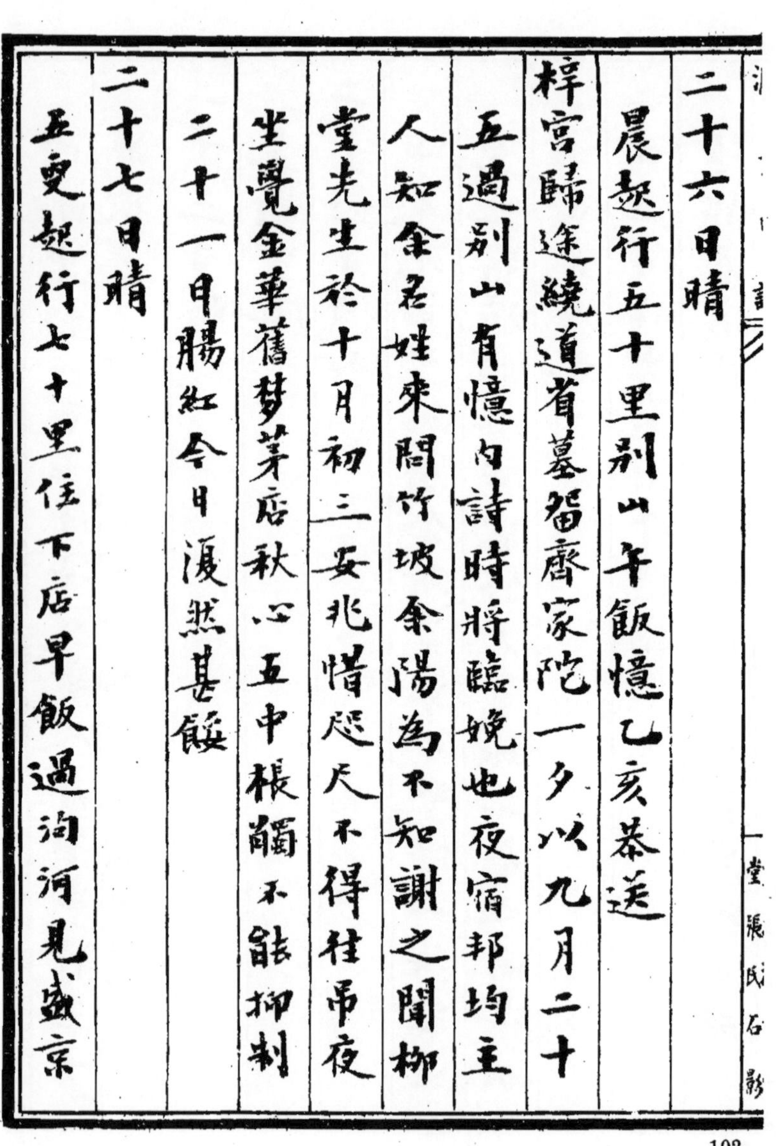
二十六日晴
晨起行五十里別山午飯憶乙亥恭送
梓宮歸途繞道省墓留齊家陀一夕以九月二十
五過別山有憶內詩時將臨娩也夜宿邦均主
人知余名姓來問竹坡余陽為不知謝之聞柳
堂先生於十月初三安兆惜咫尺不得往弔夜
坐覺金華舊夢茅店秋心五中根觸不能抑制
二十一日腸紅今日復然甚餒
二十七日晴
五更起行七十里住下店早飯過泃河見盛京

堂張氏石影

礼部差奏事官章渡甚橫可嘆余叱之始奪氣

去然商民已有受其鞭笞者矣及過渡乃陷淖

眾大快之至煙郊余車失道過潮河已昏黑

二十八日晴

侵晨由通州行午後至京安圃已出都廣觀音

院聞香濤繼室亦以娩逝走慰之至米宅兩兒

出見依依四姊病歸廉宅甚窘

二十九日晴

過孝達可莊得安圃書

三十日晴

十月一日晴

初二日晴

李蘭孫師朱茗生表兄姪諸公相繼來

初三日晴

宿李達慶得容舫書

初四日晴

初五日晴

命倪春至通州覓舟

初六日晴

過米宅賃其東院奉神主遷兩兒居之

初七日晴

有客至夜孝達再同話

初八日晴

奉　生妣及内人殤女柩出都夜乘月放舟

初九日晴

作致合肥書夜放舟過楊村破曉矣

初十日晴

午後抵天津吴觀察毓蘭來弔張藹青咸也合肥遣人來備礮船為衛管船遊擊袁文彪是日寄容舫安圃書孝達附潛書信胡介卿書謝張

子虞書夜替見圭盦

十一日晴

按直隸河渠志薊運河至盛家莊還鄉河北支自東北來會又東南至江漢口還鄉河南支自東北來入之遶梁城所北分流環城仍合于城南又東南逕蘆台軍糧城會天津新河入海此行由天津新河上泝薊運入還鄉河舉其所經者列于左

陳家溝 河渠志塌河淀上無來源下通潮汐以陳家溝賈家沽二河為出納焉

塌河淀 今与河成一片

七里海今与河成一片

精忠河舟師以為在淀与海之間舟所經由之道河渠志塌河淀東南有小河一道出西堤頭逕城北上入七里海即此得名之由則未可知諜者

儀口吳邦慶畿輔水道管見王家務引河逕儀口扈兒注於七里海即此距蘆台五十里

河口入河距蘆台十二里

夜宿河口候潮放舟以四更至蘆台

十二日晴

午刻至甯河過東窩田家莊等處間稻地均無存者北人情弛可慨

甯河諺云三灣九十五如不信問埋珠九月間
河流橫溢一片汪洋舟由堤上直行至豐台才
四十餘里至是水涸廉氏所前又築埝禁舟迂
迴曲折勞逸判然矣埋珠村名不知何所取義
昌憶亡婦嘗言侍其大父甯河官署中以能鮮
春怡語意賜以銀鎖甯舟過此附櫬同歸雖憂
居喪痛未暇言私然梁城所何曾禍桑驛耶珠
者朱也埋珠之讖為亡婦兆矣泊江灘口

十三日晴

晨至豐台遣礮船歸改舟赴青陀仍宿王家店

南泊水仍未退与油胡盧泊毘連南北二十里東西五十里若淺水於王蘭莊河規為稻田寔上腴地誤与四无商之

十四日晴

晨起奉 生母靈櫬並挈亡婦柩至家入屋淒涼人生至此何堪設想弔者甚衆

十五日晴

十六日晴

入縣報扶柩到籍邑令譚瑞卿命弟留宿衙齋談至夜半始寢譚居上元人壬戌進士老吏也

十七日晴大風

巳刻由縣歸陀過天宮寺不暇一游得牛鼎拓本今日在衙遇陶作舟李廉樟乃壽人師同年辛未曾在吾舍一遇今又萍水相值亦緣也造物何心使与陌路之人每每巧合如此而毋子夫婦間决裂之何故思之悲憤痛恨交集五中矣

附自陀至縣路程

齊家陀五里山王寨又三里西觀陀又七里何家莊又三里蕭家莊又五里崔家屯又十二里

女過莊有店可尖又五里白沫千近黑龍河有水田
又五里孫家莊又五里南台又五里豐潤縣共
六十五里

十八日晴
謹將　靈櫬及亡婦柩雙厝

十九日晴
過糧梁名下過糧每年銀三錢四分四釐王名
下過糧每年銀壹錢三分壹釐趙名下過糧每
年銀六分共銀五錢三分四釐官科地壹兩四
錢八分八釐共合銀二兩〇二分二釐

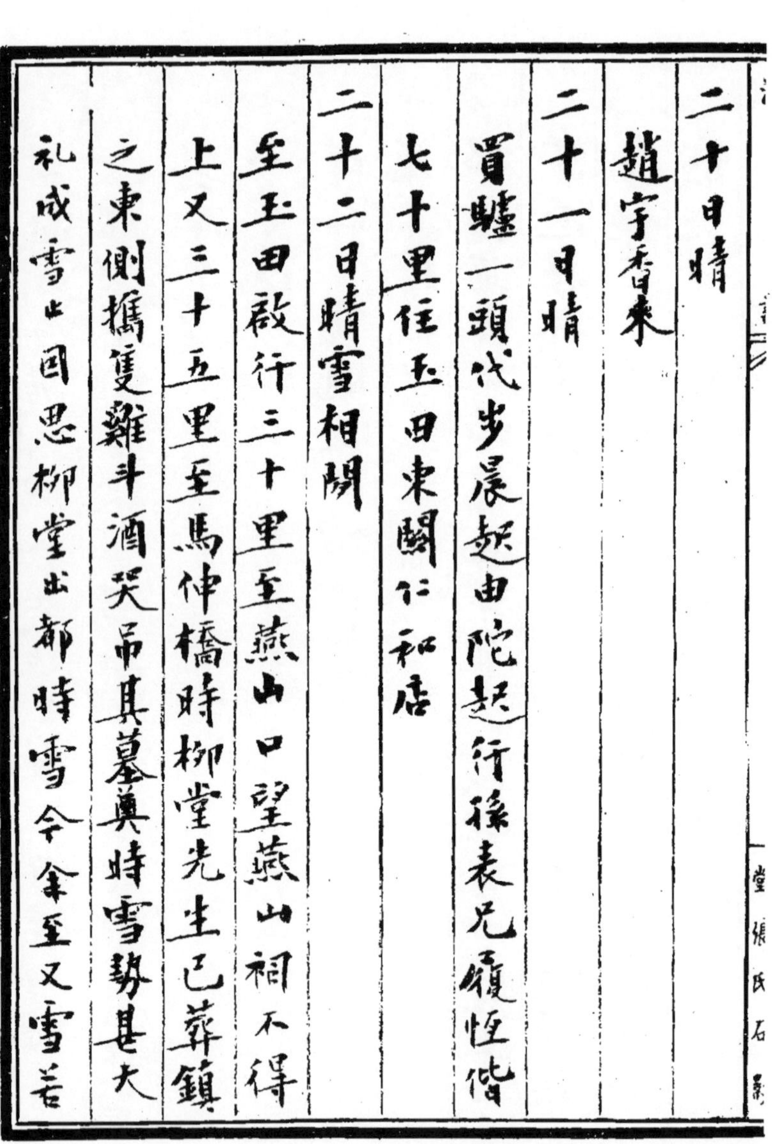

二十日晴

趙宇香來

二十一日晴

買驢一頭代步晨起由陀起行孫表兄復恒偕七十里住玉田東關仁和店

二十二日晴雪相間

至玉田啟行三十里至燕山口望燕山祠不得上又三十五里至馬伸橋時柳堂先生已葬鎮之東側攜隻雞斗酒哭吊其墓爰時雪勢甚大禮成雪止回思柳堂出都時雪今余至又雪若

雪婥与柳翁為緣者堂名樵雪不虛也乙亥冬柳翁被召入都是日得雪都人謂之御史雪令空偁為雪御史矣行十餘里宿壕門

車夫言油葫盧泊非官地緣泊種葦甚獲利息如此惡淺水於河有阻之者即不阻水涸又爭種雜粮營田之計難因勢利導矣

是日至燕山口行十餘里至張智河渡梨河橋為村人所建而不許人行余至村人皆攜鋤填土扶輿而過余犒以錢不受因勸其勿再掘阱以便行旅村人同應之其意殊可感也

二十三日晴有風

由壕門取道薊州四十五里至邦均早飯夜宿

棗林

二十四日晴

由棗林至煙郊閘通州浮橋圯改道平灘五十

餘里至通州柵欄店已二更矣夜夢伯潛

二十五日晴

晨至李村夫人處謝步坐即入城酉刻至北半

截胡同夜不成寐

二十六日晴

至李達處少話

二十七日晴

至張藹青王可莊昆仲蔡輔臣處道謝朱茗生過談得合肥書作家言寄容舫安圃

二十八日晴

閱縣志沙流河在縣西四十里出黨峪山下經兩山口又西南至姑嫂橋合還鄉河引方輿紀要元致和初懷王襲位上都兵自遼東入討撒敦等拒之於薊州東沙流河是也佩綸者金海陵紀貞元三年八月甲午遣平章政事蕭玉迎

祭祖宗梓宮於廣甯九月丁卯上迎梓宮及皇
太后於沙流河命左右持杖二來跽太后前曰
亮不孝久失溫凊顧痛笞之太后撫慰之曰凡
民有子克家猶愛之況我有子如此叱持杖者
退此事縣志失引
午後過香濤觀其作書至二鼓始返
二十九日晴
入城至王稚夔處謝並謁常師母詣奎樂山卡
飯生日而生我者不生人生至此蓼莪之詩何
可再讀哉

十一月初一日晴

稍整書室以資憩息風甚大獨坐不出戶庭琴

輔臣来話

聞崇地山使俄回伊犁事許俄三事一日撟師款二百六十八萬二日通商嘉峪關准出入天山南北貿易免稅張家口設行棧尼布楚歸化城通運道三日定界伊喀塔三城重定界址

初二日晴

正欲假寐澂蘭前輩來話知其於前月八日

召對

聖人求諫綦切臣下何以上副耶晚兒子輩來
書舍嬉戲真所謂烏能使滇唱者
是日居室苟完于前与旭莊入廠市買書數册
而歸
初三日晴
晨起往奠張孝達繼室王恭人於龍樹院至趙
寅臣處謝寄邊潤民師書求貸寄容舫書得八
弟書並捐照一帋午後信步至澄秋閣買舊白
地磁盤四又成化窰磁盤四焚香絜茗為
生妣及亡婦設供焄蒿相感雖死如生夜作致

黃子壽牋

初四日晴

昨夕夢見亡婦縞衣而坐悄無一語惟有五律一首亦不知為余作為婦作姑錄之曰魂遠居尤遠魂歸居未歸十年成斷關五夜感元機月冷空林葦風寒客卸衣夢中無一語握手暫依〻復與倪泰渡海有俞秀才邀之飲酒坐甫定內子自內招余則擬粧如平生然亦寂不言夢中覺是夢邐迤而覺惟詩歷〻可記殆重眠故榻之因果其魂魄重來未應汲漢如此也悲夫

午後樂山來夜可莊見示商榷館賦

初五日晴

傍晚謝子齡來論時文

初六日晴夜大風

憂悶不可遏抑午後至廠市買山谷題名數帋詣漱蘭談不暢遇孝達亦不能雄辯也歸若生來兩次云有事見告晤則議姻焉有母喪未終妻死未碁而以此相干者余自大故後閱歷稍深姑婉卻之不與之憤爭也歸而感觸殊甚淚盈衫袖夜作致伯潛書吳西日來譚

初七日晴

煩甚往省四姊歸貫古銅鑪齋居焚香庶召神䰟過旭莊談亦不暢晚孝達来並載至其寓中再同亦至酒行而主人睡遂歸作家書未寄

初八日晴

蔡輔臣廖穀士同年均至夜静坐過孝達

初九日晴

冬至先一日奠祭愴然午後張蔼青王旭莊趙寅臣均来夜感謁身世不能自奮有離群出世之想謝子谿来論文

初十日晴
晚孝達來話是日冬至
十一日晴
草府君及 先妣 生妣 庶母行述
十二日晴
晚過孝達
十三日晴
煩懣鬱結吞康氏過輔臣晚又過孝達許仙屏
李蕊園來話食餑餑較南皮夫人存時風味頓
減矣得蘇州書

十四日晴

作墓銘苦不能短讀汪容甫曾文正所作覺醞厚可味不及遠矣

沈督部卒天下惜之沈與余無一日之雅若志中丞來函言極可感佩以來葬不能餞謝何圖老成遽隕冥冥之中負此知己如何如何聞優詔贈卹不知誰為替人也

十五日晴大風

夜至龍樹寺詣孝達談其夫人盡七也孝達言余之為人如玉質閒石不加磨礱未能成材若

挾質以游必至無人相与款洽其弊也得無用之君子有才之小人而已聞之竦惕矣他日得閒當來其痛加鍼砭免為　先人玷也

劉峴莊調兩江張振軒調兩廣劉長於吏治在今日吏中尚是佼佼者可莊云近亦老境頹唐矣振軒殆因勦平李揚才功也

十六日晴大風

李蓀園約至龍樹寺夜設坐有香濤諸君子与再同並載歸

十七日晴

入城詣郭廉夫不值
余自十七以來終日惟藉書消遣略觀大意可
養心神近則羽檄紛馳矣王晉卿豈知憂患耗
心力讀書嬾去但欲眠洵非虛語也
十八日晴
至廠市買書過孝達商搉墓志夜復過孝達論
文字嫌其太長為累
十九日晴
蓉輔臣約談論八弟驗看事午後王夔石來夜
詣旭莊孝達未約遂去因欲輯畿輔先哲錄也

二十日晴大風

晨起過孝達輯先哲錄午後歸寫墓志清稿一通

二十一日晴

過孝達輯先哲錄飯後論道光末人才當以閻文毅為第一其源約分三派講求吏事考訂掌故得之者在上則賀耦庚在下則魏默深諸子而曾文正集其成綜核名實堅卓不回得之者林文忠蔣礪堂相國而琦善窃其緒以自矜以天下為己任包羅萬象則胡曾左直湊單微而

闢寶黃河之崐崘大江之岷氐也今石恪請雖大功告成而論才太刻相度未宏絕無傳衍衣鉢者闇丹初得其精而規模太狹李少荃學其大而舉措未公不知將來孰作嗣音也

二十二日晴

香濤訂修畿輔先哲錄是日坐客甚雜以非有晉將崇學闡鈌嚴議也詳見召于日牋中

二十三日晴

二十四日晴

二十五日晴

二十六日晴

二十七日晴

二十八日晴

二十九日晴

三十日晴

十二月初一日晴

初二日晴

初三日晴

初四日晴

初五日雪

墓志寫定

初六日晴

初七日晴

初八日雪

初九日晴

初十日大雪

十一日晴雪相間

十二日

恪靖寄百金為賻作書郤之

十三日晴

十四日

十五日

十六日

十七日

十八日

十九日

畿輔先哲錄成此一月中余心力疲乏極矣天亦時有雪霰為十餘年所罕見

二十日晴

二十一日晴

二十二日晴

延黃漱蘭少詹再同編修王可莊修撰祀竈改

題先大夫及庶母神主

二十三日晴

二十四日晴

二十五日晴

二十六日晴

二十七日晴

二十八日晴

二十九日晴

斗室枯坐萬念俱灰

嘉禾鄉人日記

二月初一日晴

柳堂先生臨命時所作家書公子之桓襄作卷子見示余將還山吳公子亦盡室將行泣跋數行歸之己卯閏三月先生就義薊州後一月佩綸遣母發橫街鄰屋僅隔一牆兩家哭泣相聞也嗚虖先生為忠臣佩綸為不孝子冥冥之中何以教我悲夫先生甲戌謫官歸里將請優禮之忌者或為讒間先生家人頗聞其語實則先生還朝後將請使早必聞先生歿居士前聘書物後賻祝有加等焉

治命中總公子惑于浮言故一及之覽者幸勿以辭
害意成元白隙末之譏　家書緘封上有吳子儁老
驥詩宜善藏庚語宜補入　又有價道陳伯潛王
可莊兩居語亦宜補入王即己卯十二月初五日上封事
者名仁堪　劉薊州枚彥甚才先生歿時衣行衣劉
自解端罩朝珠斂之另補用采畫薊門地僻倉
卒不克取辦也有富人自營棺槨購為先生葬
其一時賢士大夫無不多劉者　先生甲戌西歸佩綸
及吳望雲吳子儁柯詩揆餞之何作圖鑪話別圖紀
其事坐皆有詩先生樂甚兩家春應曾相往來

止婦朱氏因亦賦一篇先生謂　惠陵日猶攜之
行篋中公子之桓并先生贈予儁詩裒衍成卷
今藏余家遺疏稿別裒一卷予存公子處　書中
所云契友阻止上疏者乃粵東陳居陳亦端士因初稿
有未確語耳　先生之喪有壯士突入奠哭留百金
為賻問姓名不告而去故舊貴人乃無一至者不特鄙薄
俗可鄙亦可謂誤用揣摩矣　公子既奠先生蘇州庚辰
二月將奉母歸皋蘭出家書見示首墨經相對誦書輒涕
下不止哀哀父母生我劬勞顧與公子互相激勵無隊家
聲為異時相見地也

孝達前輩命其子權及顗從余游顗時甫十
二歲余愛之前輩因并命長嗣軌業抗顏爲師
殊自媿赧耳
漱蘭前輩因在廣雅堂夜談知孫琴西先生
有引疾之志余通籍晚不克見琴西惟觀其
致外舅修伯先生書知家藏國史甚富學問亦
淹貫古今其論事則不免偏激如曾文正將所
募水師分布長江改爲經制先生以爲特因安
插湘軍之地乃文正歿筆其弟侍講學士鏘鳴
爲恪靖所劾遂每論恪靖必用深文現文肅督

兩江先生由湖北移藩江甯夜入會城即日受篆
蒞事以文肅乃學士門生不無扶長之意也然孝
達前輩謂其竝屬風雅氣息清高猶有乾嘉
諸老遺意私冀就官閩寺當因漱蘭展謁一
親謦欬而先生樂永嘉山水遂欲田居復志遂初朝
衣懶著令人悵惘久之余友吳望雲祭酒視學江
西任滿已假還里聞亦欲買山而隱錄入此迻傳事
可愧今之鐘鳴漏盡夜行不休者
孝達前輩臨別拳拳手近思錄見贈曰君之才
氣一時無兩但閱歷尚淺遇事可加一番講求

加一番思索然後出口則萬全無弊矣前輩愛

余之深如此謹當書紳以期進益夜談甚依戀

久之始退

初二日晴

侵晨孝達來送言此行可至大沽北唐各海一覽

形勢暨于船碰船式樣亦宜留意

夜宿通州李開樵丈家又同母弟載文以舉人大

挑一等發往廣西歷馬平平南縣知縣守平南七

十餘日為巡撫勞文毅公侍郎王子襄先生論薦

擢桂林遺缺知府命下而城已破居不及聞矣君

巷戰遇害為賊支割其家人覓忠骸不得僅辮髮存耳　詔贈太僕寺卿雲騎尉世職同治中謚壯烈時同人輯畿輔先哲錄從文索壯烈傳鄭寄孝達以資攷證　通州王侍講大鶴供奉內廷時和致出當國　昌陵心不能平侍講輒於手書一忍字　上意始解及和敗侍講乞解組徵召不出事見州志閻樵又為余言它日當攷之

初三日晴

逆風過馬頭二十五里泊楊家灣

初四日晴

逆風夜三鼓泊楊村

舟中攜兒子壽蒼歸里課之識字頗為可憐

康熙五十四年廷議屯田鄂爾坤圖拉給軍食
詔土謝圖汗勘履所部可耕地奏言附近鄂爾坤
圖拉之蘇呼圖喀喇呼烏蘇。明愛察罕格爾。庫
爾奇呼。札布堪河。察罕廋爾布拉罕哈。烏蘭固
木。及額爾德尼招十餘處俱可耕雍正二年四月
振武將軍穆克登奏鄂爾坤一帶尚有昔人耕種
處及故渠灌田蹤跡圖拉等處現有大麥小麥非
不可耕之地旋奏産瑞麥九年收穫麥糜一萬六

百三十石有奇十三年平郡王福彭於鄂爾昆額爾
德尼招迤北興工建城福彭奏六月二十二日自烏里雅蘇台起行七月十二日抵鄂爾昆五十日奏自張家口至鄂爾昆大站二十九腰站十六蒂蒙古游牧記
初五日晴
至津河方巳刻聞陳家溝水淺須改陸行登岸覓
車價甚昂午後命舟人往探云唯二丈許淺可用
人力助之過此仍可行也既覓車不得始聽舟人之
策
合肥已至津聞余至約午後談詢海防及東北兩
路情形意甚殷殷余不知兵唯主用人之說謂請

御宜擇賢員戰將輔之北路須用邊兵海防須練水師頗承宥可聞北洋亦與專餉海防經費歲僅得三十一萬淮軍餉歲僅支九箇月均無有和無寡是在樞臣計臣耳

初六日晴

易舟而行至陳家溝則河道淤淺幸昨夜塌河淀上攔已開舟行淀中順風甚駛舟人武姓靜海人不如前兩次舟人之熟嫻也夜泊蘆台

靜坐檢近思錄改過克己薦閱之擇數則錄爲韋絃　明道先生曰治怒爲難治懼亦難克己可以治怒明

理可以治懼王文勤公嘗以治懼函對止謗莫如自脩
書以自警伯潛文勤孫壻也復書以勖余竊謂余之
病在怒不在懼不如易克己可以治怒屬文勤公孫可
莊修撰更書之　堯夫解他山之石可以攻玉玉者溫潤
之物若將兩塊玉來相磨必磨不成須是得他箇麤
礪底物方磨得出譬如君子與小人處為小人侵陵則修
省畏避動心忍性增益豫防如此便道理出來閱此覺
忿慾俱消寸衷冰釋　謝子與伊川先生別一年往見
之伊川曰相別一年做得甚功夫謝曰也只去箇矜字
曰何故曰子細檢點得來病痛盡在這裏若按伏得

這箇罪過方有向進處伊川點頭因語在坐同志者曰此人為學切問近思者也　問上蔡才高所以病痛在此朱子曰此說是○謝氏謂去得矜字後來矜依舊在說道理愛揚揚地　矜字病根甚大宜自克也

初七日晴

順風夜至豐台表弟孫三復泰及車夫吳八已在鎮相候同孫三入街市小步貿易之家多縣洋燈商人無不以洋藥勸客者地近津沽俗趨浮靡可慮也余為陳說先輩儉德用啟鄉愚坐徒面從而已然亦姑存棄石之言以待有志之士相與挽障耳

初八日陰午後微雪

由豐台車行四十里至家於 靈柩前行禮悲慟難勝少定命蒼兒行禮四兒且都還唐山後於初四日光歸故廬一切均布置井井矣冒雪至各門尊長處問候

初九日晴

同四兒至八戶莊新阡敬閱一周始返族中長幼相繼過談至夜分始散

初十日晴

族叔訂彬賈于建昌詢糧價小米五千六百高粱三

千八百麥四千每石重四百二十斤當二石之數又有賣於赤峯者云黍價每石錢八百每斗重二十斤建昌錢五百為一千赤峯則足陌也

十一日晴

至新塋閱視界地作柵以便堆積木石

聞棠文山作熱河都統操守甚清而於整飭吏治殊不得法兵米一事延樹南革去米局承攬之弊以銀一兩四錢作一石米價發兵自購文山矯延之墨亦奏復舊規尤拂商情此何異司馬公之改差役哉近年滿洲蒙古急才已極亟當儲

植以備干城腹心否則殆矣
十二日雨晴
寅時開兆延袁兄玉田孫復恆祀土神行禮時春
風甚大微雪灑空佩綸隨四兄敬詣墓左禮成
始返鄉間富厚之家喪事專務奢靡題主祀
土神每延貴官臣紳當之厚幣往聘輿從招搖
過市以為觀美慈與四兄議均一遵禮而行以孫
居篤孝友愛待延之莅祭執事皆宗親姻戚皆
鄉望者年既合有李為榮之意亦寓國奢示
儉之心吾鄉後起應不以為儉為非禮耶歸

後雨止

十三日晴

唐山送新報至燈下閱之擇其與俄事有關繫者錄數則 外洋電報云俄國近又有人聚衆同謀欲用棉花火藥轟毀王宮事隨減人亦就獲德俄兩國於泊拉士地方會議因語言不合竟至用武俄已調兵數十萬至波蘭地方屯劄（西曆十二月十三日） 西報言近接俄國西十二月來信報稱俄國現在派往霍薩克馬軍四隊約計三四千衆自阿爾伯克起程前往中亞細亞所屬各境查阿爾伯克為通中亞細亞總匯之區

劉振氏石影

西南則至末爾布東南則至阿夫干東路又通伊犁此次調往之兵正未知何往耳十四日　昨閱西報知俄人近在瑞典國船廠定造金鋼輪船一隻機器馬力一百匹欲在昔比爾及中國庫倫口外北海地方貿易先將船料分造載入他船運至北海後年春初當可駛行云查北海實則大湖各河水匯入者二百餘處其消水則流入安加勒河北河流急冬冰貨物須以冰車濟渡春夏始鮮阻也十五日　吐谷曼游牧部落向處裏海之東其酋長則居於末爾弗俄兵往剿為吐谷曼人所敗茲聞俄皇命大將考甫曼於明春攻其

後復派一軍自裏海攻其前吐谷曼往駐阿夫干之英官乞援倘事不濟即往印度求救說見西報二十日

十四日晴

脩西門葺墻垣竣先塋木石甎土均備谷甥夜話家事淒然相對者久之

十五日晴

袁升之子袁貴自都舁墓志石至得南皮前輩書聞南皮已升侍講矣

塋工始興請從兄佩續往督役作土甚堅而潤澤細緻土人均以為環村十數里無此土色也

十六日晴

十七日微陰

同四兄往閱塋工掘土三尺餘於指穴處得周元

熙寧錢各一枚

十八日雨

十九日晴

遷柩前期族人設祭弔客不期而至者甚眾連

日悲泣勞乏人甚不支

二十日大風

廬舍甚危悚惕之至先人游官十餘年歛廬

如此清悲人知思之良爲愴然家聲負荷殊難也徹夜反復不能成寐

二十一日晴無風

辰刻發引奉　府君及先妣柩合葬八戶莊東新塋　生母暨庶母祔葬亡婦窆於墓左第二穴天氣晴明工作堅固從形家言庚山甲向兼酉卯一度以戌正一刻二分三秒安位終夜告封隨則倚廬哭則負土深恨不能相從九原與四兄握手悲慟有悵悵無依之痛

二十二日晴

居墓旁廬舍中
二十三日晴
二十四日晴
至墓廬歸之 先祖塋告窆禮至新阡行再
虞祀遣眷児先返都中
二十五日清明晴
同族人至祖塋祭掃叙六門譜系
二十六日晴
二十七日晴
四兄回唐山同載往礦局中

附齊家坨至唐山所過村莊

大容各莊　阜心莊　于林莊　有河

翟莊　後辛莊　小元莊　八心莊

劉戶心莊　過小黑龍河　張家達莊

二十八日晴

至缸窰田表弟處謝宿東缸窰秦履安甥壻家中　缸窰距唐山十二里家多業陶者壘石為垣覆以碎甓殘甎饒有野致履安所居曰東缸窰去田氏又五六里父宵商年六十四敦厚古拙履安娶谷氏姊女生四男三世聚居真率有味令人深羨其人倫之樂

使覺桃源猶在人間吾輩動遭憂患欲買山而隱作樂志之論賦閒居之篇豈可得乎中宵根觸者久之錫女請名其子命之曰庠慶廉慶四子之師曰王秀才葆森助於讀所購登瀛社稿文有余作曰慕予久讀予文爛熟矣余愕然出文見示則贗作也余感其意為論向學之道秀才頗奮勉余期秋後再過秦氏證所業焉

二十九日陰夜雨

巳刻飯北米三舂較南尤腴恨吾鄉富民不務耕稼耳未刻還礦局有曾溥者因四兄來見曾粵

人在外國讀書八年己卯始返甚有志於文翰約之同至蘆台 曾居精化學有聲於外國日來携之同至山畔觀西人機器每事詢其用法答對均有條理

三月初一日晴有風

啓行至津四元携曾溥送余順道謝陸河夜宿王蘭莊客店行六十里

過韋家莊有新修精舍一區榜曰靈覺寺為莊中趙舉人萬全及其姪鈞鑑所重建者趙氏於姚家油房兩莊設義田贍族立碑于廟以垂久遠有

亭日接僊則趙雷扶乩於寺亭為祕所並樹一石
刊先賢言予及呂祖此語可謂謬妄不經鈞鑑為
富不仁好詐欺騙其建廟也云有神降夢使然戓
日萬金賢而鈞鑑不肯放一寺之中邪正雜糅如此
也趙鑑新選廣西一全家圓漢軍豫邸莊頭

初二日晴大風

王蘭莊五十里至蘆臺啟至北塘風大不可駛余登
舟

初三日晴守風

由蘆臺換船從礦務分局借新報閱之四月瓦

曾溥歸唐山夜風定放舟行三十里宿小河口

初四日晴

泊埭頭日將莫矣上岸閒行測看水勢

去年今日芷鄉自其母家吐血歸思之愴然芷鄉言將嫁夕夢萬騎環列步上一高臺臺上立一人狀貌肖余戊寅冬芷鄉愁悶中倚畫几謂余君必貴惜吾不及見矣余猶藏叱之曾幾何時都成陳迹悲夫

初五日晴有風

巳刻到津泊新浮橋側詣驛民設知藹卿在津夜

藹卿來函詒得家書知容舫病不能入都應試

初六日晴

詣合肥邀任節署中午後合肥來話張藹卿來

盛旭人驥道康有密陳防務疏大略言水師南北洋二路

每路鐵甲船二快船暨碰船四號水雷船八號自造根

礮船八號再益以鋤船魚雷護守各口礮台以為後路水

師就外海水師挑選選宿將二人為統帥追有名洋將

為教習優其廉祿毋重其事權餘參用出洋學生北洋

以大蓮濼為坐營南洋於福州廈門之間凡船隖礮台

水雷阻椿皆須籌備陸師三路新畫張家口東三省張家口吳

千人東三省三萬人東三省用淮皖軍二萬湖南湖北江西軍五千奉
地兵五千而大致歸於減兵增餉其他節餉用人之限率多
窒礙之說餉戶部籌二百萬各省八百萬作購礮購船之用又以五十萬作沿海電綫募商捐百五十萬足之人才東三省不分滿漢統
兵大臣必有封疆之職餉事南北洋專派一員兼顧東中兩路採買派一員會同李鳳苞定限調勇二萬五千人一月限發三月限裁兵併餉一月限復其半年
限辦成餉一月限辦二百萬五月限又二百萬十月限又二百萬共二十月限辦清
佩綸接盛子宣稟言直隸故於北洋事論之獨詳陸路乃隱
筆鋒皆興到語耳其疏中有云局中則拘守成法局外則輕
議朝章事來則倉卒震驚事過則因循中止上二語有揣
摩下二語有諷諫矣天下唯老吏之議論不可忽也

初七日晴夜雨

堂張氏石影

藹卿來午後合肥幕府薛叔耘福成趙桐孫銘來

話薛通洋務趙為学人夜合肥師來話

直隸練軍數及餉項附錄

保定練軍步隊中後兩營官并兵夫一千一百四十一員

名

保定練軍步隊前營馬隊右營大名步隊中後右

三營共二千五百九十七員名

保定練軍步隊右營官弁兵夫五百七十員名

正定馬二營步二營一千七百七十三員名

遵化練軍步二營一千一百四十一員名

馬隊中營三百一十六員名

古北口出防奉省馬步各一營一千一十員名 上年十月撤回兩哨

古北口練軍前左步隊兩營馬隊中營一千四百五十七員名

宣化出防庫倫馬隊前營三百五十六員名

宣化練軍馬隊中左右後四營一千二百六十五員名

熱河馬隊練兵一小隊官弁兵夫一百三十員名

直字營練軍勇一千三百三十一員名 步隊並小隊

義勝後營練勇七百三十員名 步隊並小隊

保陽練勇步隊六百二十五員名

晏字親軍一百二十二員名

護勇並勇夫一百五十三員名　大建五百八十兩五錢　小建五百六十二兩四錢五分

業字營步隊六百九十員名

又馬隊四百一十二員名

又馬小隊二百五十一員名

又步小隊一百二十員名

凡練兵馬隊十一營步隊十四營又練勇步隊五營馬隊一營又馬步六小隊共三十一營六小隊一萬六千一百九十員名　大建支銀八萬零四百九十五兩八錢八分九釐小建銀七萬八千一百四十二兩一錢八分二釐七毫

初八日晴午後雨

顧晫民張藹卿同来夜作書寄孝達借薛叔耘日記觀之即走答薛及趙桐孫遣郭順回唐山寄四兄書

初九日晴

午後合肥来話論永屬私鹽賊難整治以韓果靖公曾力止之不忍責於零星小販也韓之言當不妄

初十日晴

午後薛叔耘来趙桐孫亦至合肥約同至電綫房

聞大沽信頃刻而至電綫畢竟價省水道較費

十一日陰

至暻民處談夜合肥來語詢及水師將才現在鎮東鎮西鎮南鎮北四船統帶曰邱寶仁曰鄧世昌曰劉步蟾曰林泰曾以劉為最優丁雨生論張成迺執吾翰迺猾劉步蟾迺麤林泰曾迺柔薛超英較為純粹而年過輕伯潛偁嚴宗光者器識閎通天資高朗合肥已往閩調之來津矣談及俄事以將士均氣盛同心猶堪一戰並以余能勝關外日為持領心定氣壯千古有之余知合肥

妻喜薦舉因力拒爲此皆余鋒鋩不斂之病也

十二日晴

潘晴軒來談

十三日晴午後微雨大風

藹卿來訂明日觀海合肥乞以鐵龍輪船見假

夜作孝達書合肥來話宣化王總兵請分防獨石

口及多倫諾爾兩合肥論軍事期以兼顧北路合

肥謙讓未遑也

十四日晴

午刻合肥來話旋登舟晤藹青同至大沽二百二十

里一點鐘行七點鐘到大沽協副將羅榮光來話

十五日晴

晨起至南岸礮台閱視羅副將邀飯飯後渡至北礮台大沽五礮臺南曰威鎮海北曰門高口門東向敵船入攔港沙後須由威字營曲折而鎮而海南岸較為吃重口門寬八十餘丈地勢天險可扼唯礮台均雉牆頭露用三合土而不用泥沙外無斜坡恐難受礮羅協體肥頗事酬應亦恐非將材臨敵須用大將督陳此礮則以後膛克虜卜為最大礮千來福四十四磅次前膛瓦瓦司中國購馬格里所造

鐵礮不佳銅礮尚可用凡五營有礮二百三十餘尊兵及礮手二千餘人內有水勇六十人能伏水中數刻之久再折回唐兒沽東行二十五里至北塘南岸礮臺通永鎮唐仁廉守之試克虜卜礮甚震唐與鄭千美軍門不協有自危之意

十六日晴

曉起登臺觀日出渡至北礮台總兵吳育仁守之吳淮人不及唐之勇猛吳閱畢回唐礮台飯至唐兒沽三十里至新城入北門曰鎮臺門有督臣行轅合肥劉奉建東西北三門外皆有礮台旋轉而入

高七丈餘周國傳屯田于此南門外水田六萬
餘畝猶有規模飯後回舟七點鐘回節署藹
卿回天津道衙夜合肥來話
十七日晴
藹青來緝庭踵至合肥來話夜至藹卿舟中送
行時將還都下四曾劼剛書來言出使俄國之
難吳清卿書來知初九成行銘鼎臣奏請於松
花江造船板調唐仁廉鄭長雲命楊岳斌作水師
宿將此君全不知兵可嘆也
十八日晴

丁雨生書来有欲出之意以為合肥辦糧臺為名實在兩江一席又有致總理衙門書多迎合之語惘喝之詞余至合肥處略話

十九日晴

黎召民書来以嚴宗光不能即到見覆嚴伯潛所薦士也合肥来話

二十日晴

夜函合肥論事甚暢薛叔耘以所作古文見示

二十一日晴

郭提督松林見過詞鋒靈敏之至

二十二日晴

美領事云俄人深以中國廢約為恥其端必剏

傍晚合肥来話粵匪之亂創辦團練之說倡於呂文節公於湖南則薦湘鄉於安徽則以合肥自隨卒之文節殉難而平賊者皆由團練倡始公亦可謂能以人事君者矣文節以言事受知

定陵其時祁文端秉政貌託知交心實忮刻於曾呂詞多掣肘呂之不獲柄用祁有力焉辛亥試浙江壬子典京兆黃漱蘭張香濤均出其門二

君爭大統論俄約一時直聲幾然不媿文節門下而文節之暗中摸索獨具隻眼亦可想見世多以黃張為吳江門生噫豈知文節尚吳江同使浙江沿途相慶早有徵詞耶

二十三日晴

晨起甚悶至臯民處略話午後得家書知安姪婦於月之初七日下世金雨安圖一年之期均有騎箕之感亦奇矣中褱悵爾不能自解作書覆安圖合肥來語論用人得失語不甚合夜大風

二十四日晴

薛叔耘趙桐孫約同游海光寺機器局局員王筱篛德約中國亦能自造電線水雷洋槍銅冒各種槍子學徒天津人多余登臺觀試水雷二電線甫發雷聲已震一時真可千里也得孝達書

二十五日晴

余建議欲令曹克忠至張家口外募練邊軍合肥然之而曹昨日入謁力辭合肥以余謀告今日余甫往曹至人甚有權謀余以忠義激發之始諾因與合肥參語定議令曹先往審地勢宿將至提鎮非重臣即不能驅遣新出治軍之儒臣宜審

之也又得孝達書

二十六日晴

余欲還都合肥留待清卿夜請合肥定北洋水師規模以阻浮議或因循合肥遂以相屬談次及進退人才事余以為此本朝強弱之機未可委諸天數合肥瞿然

二十七日晴

曹軍門復來辭行走答之連日肝氣發夜不成寐

二十八日晴

清卿來談吉林事午後詣合肥略語以清卿欲
邀余游吉林而合肥期以明年就決行止良久始
定至河北答清卿遇睪民夜登舟
二十九日晴
行一百七十五里住王家浜作寄夏壽人師書
夢中爲人作一聯甚奇特醒而忘之
三十日晴甚煖
王家浜去河西務二十五里沿途灣多水淺舟行不駛
舟行至香河作寄安圃書節錄之
姪體耐辛勞氣亦壯往天生此材必將有用然近年

年為境遇所折磨豪情銷減氣體亦差今天既劃其兇廿之私正欲磨鍊千將使之出匣若試之艱苦之地盛氣漸平議論均踏實不亂則所造正未可量若遂委靡不振坐以待斃固非所以處已而徒恃血氣之勇不能下人亦未足以成才海防自大沽北塘外由豐潤黑巖子至山海關計十餘口雖沙多水淺然不過重之洋船雖不能入而無人扼守隨地可以上岸兵分則力單備疏則心怯建議者或曰造小根鉢輪船以梭巡或曰創團練以保衛但小輪船由外海行走則敵舟在攔淺沙外正可用礮轟擊由內河行則河

皆於淺不通團練則沿海村落甚少或七八里或十餘里有一二僻小莊戶而已設之鎮市俟敵登岸而擊之庸有濟乎佩綸之意莫如沿海屯田濬河河既設險田可贍軍此策行則團練巡船均可次第舉辦前函合肥談及頗以無屯丁無經費為辭佩綸委曲進言意為之移但其後未敢竟言者地在京東事須紳士欲求督理屯政之員合肥意在吾族姪於農田水利頗知窾要以此議為然否願詳計見復也

言

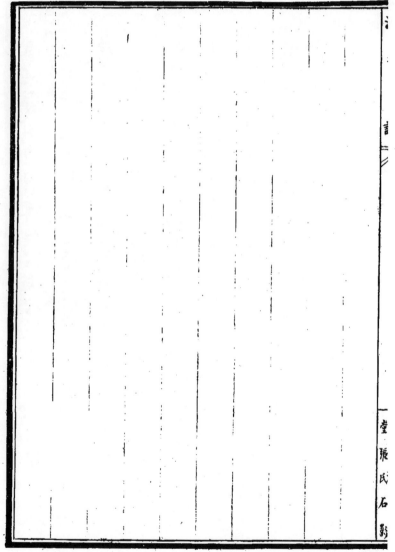

堂張氏石影

見君子日箋卷八

庚辰九月初一日澂蘭過余以將離闕下欲極言時政得失以副宵旰求治之意余請其恰少詹以變法儲才立論而余意合其大端有七曰變總理衙門之法曰變沿海營汛之法曰變關釐權稅之法曰變京官考試之法曰變武科之法曰變東三省專用旂員之法曰變各官學之法余甫將宣化歸因言君既論關東左相亦議郡縣西域則北邊亦宜亟矣明防蒙古故以宣大為重防茲論者猶以開平諸衛撤戍為非我朝內外一家而其近防宣大不如遠防塞外孫文定公於乾隆間請於開平興和添駐滿兵方望溪亦主復三衛議老成遠

識也今俄人遍布恰克圖以利誘四愛曼其汗皆有貳心其
部落皆甫深結而我駐庫倫大臣率以冗員謫宦處之無兵
無餉烏科兩城僅宜大換防兵二百餘人限將軍以下使令
猶且不足此豈可以為常哉議增烏里雅蘇台之戍則宜屯
田推河以便軍食復於庫倫設重鎮屯勁兵河魚山炭足
應取求近則購米於土謝圖部之伊琫各處遠則徵糧於多
倫諾爾烏蘭哈達漸復三衛招民墾田皆兵游牧使漠北數千
里郡邑相望十年之後成效可覩也少詹韙其說擬采以入
告願執政一審度之
初三夕高陽師閣令持出都約過師邸時曾使方請

俄主西回布策而凱陽德以布策已至紅海難於折回合肥致余書及之譯署亦知也師聞余言憮然曰布策不歸奈何曰此國之利也劼剛抗命畏俄果於自用使南布策憂悶終不能存國體饜人心明甚佩綸唯願布策不來不願布策之來也高陽壯之

初四日雨蔡輔臣吉士容舫姪出都輔臣同載至八里橋顧輔臣曰此可守也僧邸何以致敗輿者曰君不見某公墓樹乎僧邸將戰先期命農家皆劃薪禾穿冢戶皆刊林木於是十里之內一無障蔽意欲使騎兵馳逐反為英人所乘遂致敗績今他冢均植新樹惟某公墓樹皆截頂望之慘然

初七日舟至天津三岔河合肥遣戈什哈邀談時鎮北各船均歸提督丁汝昌管帶陰奪許鈐身權大沽礮臺以總兵劉祺協守潘撫部鼎新駐新城李軍門長樂駐蘆臺銘盛兩軍為游擊之師合各鎮練軍近二萬人津防較密合肥以言者過詆淮軍曾能分守榆關昌灤散而無紀語涉憂憤余以修己之說進合肥韙之因思余已卯十二月上合肥書勸其以東北兩路自任使從余言何至使曾能撓其柄哉能軍新募烏合久處畿東恐將滋擾曾威毅神采枯悴兩足痿瘓誓不出榆關一步見者失望合肥問余有何良策余曰七月以後政府言路議和議戰步驟均亂矣以愚見論之宜一以北

洋全防責公亦宜仿照劉軍門銘傳駐錦州以固陪京令曹軍門克忠駐煙台護三鎮之兵汰弱留强以固山東蔡威毅歸太原鮑春霆宿將難制宜請朝命改授古北口提督隆受節束如此則臨戰犄角相衛久防亦首尾相維二口屆聯為一氣矣合肥曰如子言春間行之事集矣

初九日晤幕府薛叔耘詢鎮北各船測量各口水道深淺尺寸沙壘田無口水深四十八尺清河口水深十五尺牛莊口外攔港沙上水深九尺口內水深二十四尺至三十六尺不等胡盧山口門水深六十尺口內水深二十二尺黃牛尾水深二十二尺在會灣口內螞蟻島水深二十五尺在會灣口內皮島無口門水深三十尺大二三羊頭水深二十四尺有小窪名羊頭窪水極淺旅順口口門水深十五尺口內水深二十六尺小平島口門水深一百十四尺口內水深二十四尺大連灣口門水深九十尺口內水深二十七尺海洋島口門水深四十八尺口內水深

二十一尺煙台水深百六十尺至五六十尺不等按測量口門水則宜兼潮汐長落而言此許鈴身所稟較郭軍門榆關日記疏矣薄暮送輔臣容舫至紫竹林時保大輪船已至因秋深潮淺攔港沙水僅九尺船受水十一尺不得入須候大汛

十二日輔臣容舫放舟合肥招余節府以往仍下榻舊處時合肥奏設電報由上海以達天津北洋主之由天津以至通州總理衙門主之余謂設電報當別立中國字以杜漏洩合肥曰劼剛已行之矣其所纂電音可一馬數字北洋總署馬既不同即難辨識劼剛聰穎有餘惜乎急功利喜攀援耳合肥又欲開鐵路自鎮江轉漕後由揚州直達京通歲可

節漕費百萬一旦海上有事陸運捷便無憂乏食而徵兵轉餉亦益迅利其款可貸之法人云余以為果興鐵路必自邊境始今日之勢西域為首關東次之漠北又次之其地曠人稀事前無紳民阻撓事後使商賈利賴屯兵四出應援可免饋運之艱風雪之苦邊境有效然後推行腹地事半功倍矣合肥擊節以為名論

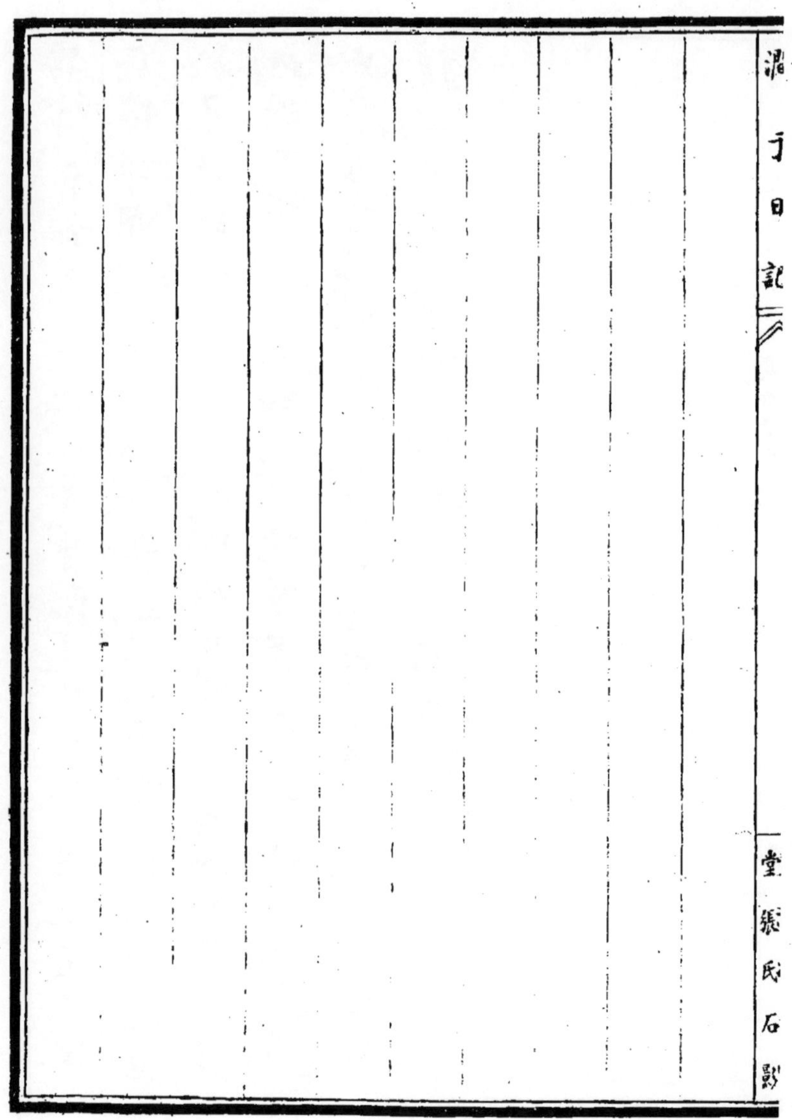

初四日孝達以吳清卿書見示其略言前月創練一營親督將士服習勞苦滿山風雪支帳而居不敢自耽安逸尚鼎公商委三統領均尚得人戴孝侯統馬隊二營步隊三營駐三姓之巴彥哈達副將郭長雲統馬隊二營步隊二營以三營駐琿春一營劄琿塔適中之地副將劉超佩統馬隊一營步隊二營駐甯古塔省中留劄馬隊一營亦由孝侯分撥哨官數員營制悉照湘淮舊章勇則兼用西丹官則兼選旂員為東省開此風氣他日練成勁旅必可為烏喇東邊之屏蔽軍火費四萬金槍礮子藥月內可到不至託無把握喜桂亭參贊疏請募軍五千

往劉琿春年內斷不能集事於此中條理全不明白徒糜餉糈恐無實濟請飭各城副都統預選精壯及嫻熟槍法之甲兵蘇拉西丹其意專用旂兵不知平日未經操演亦並無器械安有熟習槍法之人其難項一也不求將才而貪多務得五千子弟非數十員不能統率安得如許可用之才其難項二也近來軍火舍洋槍洋礮無可操練津局不能代購滬工無從設法神機營即有存械至多撥槍一二千桿器械不備何以成軍其難項三也琿春無糧可買無錢可換市上交易用布不用錢無木植可采此中大木極多距琿春一百四五十里非車馱不能運載無車路可通無馱騾可僱不蓋營房無以禦風不先運

糧無以資軍食郭副將所募千數百人已有轉饋維艱之勢若驅五千將士麇集偏隅談何容易以吉林本地人而不知吉林之地勢情形其顢頇回也鼎臣書亦慮彼此各樹一幟不能由我兩人呵成一氣俟其到省會商辦理必專顧琿春練軍五千大可獨當一面擬將郭副將四營調劄甯古塔劉副將三營調至三姓則三姓亦有三千餘人樁亭如能和衷商榷固所願也松花江上下游淺深寬窄夏間曾派專員由吉林順流而下至黑河口直抵烏蘇里江口止探量水勢造具清冊進七月中親自泛舟按驗江流深淺亦不能準兩路淺灘甚廣中流節節沙洲土語謂之通數尺之間或深至丈餘或

淺至一二尺如舵工不熟水道駛入岔流雖小舟亦有閣淺之處論其大勢伯都訥城北至三岔口有極淺之處十餘里現在設立水關之巴彥通江面寬窄其深處不過五六十丈之寬擬於今冬封江以後即就江邊大石搬運數十塊堆積冰上春融凍解石沈江底必可阻遏輪船自此以下至黑河口江面愈寬夏秋水漲深至兩丈有餘更無險要可扼每南營中赫哲人等細訪水路情形最為熟悉但恐先其通商俄人必以赫哲為嚮導亦可無虞淺阻或用小輪船上下駁運亦不患無路可通時人皆以俄人勾結金匪為可慮其實金廠與俄界相距甚遠窮民本無可用大

半爲形跡固成過匪竄入山搜括一空並此微利不保密查三姓境內太平溝樺皮溝兩處金苗不旺偷挖無多無須駐撫所可慮者赫哲部落半隸俄境其人驍健善騎熟習鳥槍俱俄人爲老羌近年頗受老羌籠絡三姓旗官及鋪户人等皆以赫哲爲可愚不免倚勢欺凌以貨換貨無不大佔便宜大凡結以恩信始爲我用敝營所調之赫哲不過二三百人擬爲添設兵額仿旗營披甲之例酌選三四百名設協領佐領管轄之無事聽其遊獵有事守望相助爲三姓扞衛使界外赫哲聞風嚮慕正商之鼎公不日疏陳當蒙俞允三姓可墾荒地甚多現由長潤生都護商議招

璽酌窩崴城百里以内為旗官旗民設卡之地其餘南路東南諸巷房山溝青脥不少已屬驛民隨帶佐領一員前往履勘惟距城較遠民戶寥寥恐其不甚願隸琿春彈丸地距省一千四五百里由省至甯古塔八百里由甯通車道由塔至琿六百里實有七八百里無驛無店重山疊嶂中有店民兩三戶林木蓊鬱無人刊伐離琿百四十里即無樹木輕車簡從亦須裹糧以吉林地勢論之琿春既不通海亦為內地關絕即徼人有意侵占尚為大局無關俄都納刈為三者烟墩四通八達若松花江恐其出入黑吉兩省無法防守兩害相權則從其輕此啟人之秘議而未敢形諸奏牘者也惟琿春而高

麗脣齒俄諾琿春與高麗毘連漸有蠶食之虞患不在目前而在日後至吉省之藩籬棄一琿春不足惜棄一松花江不堪設想矣佩綸觀清卿此書布置有遠勢興建有永固良可欽佩惟論吉林事由端殊失之前琿春屏蔽高麗即所以屏蔽吉黑吉林事正洞悉形勢力為其難耳調依克唐阿等求將材矣在津購來福槍三千桿選軍火矣祈將專用旗兵固豐鎬之舊風亦湘淮之近例也安可以此而議其顢頇哉

初五日得薛叔耘書知俄海部伊沙士基之至海蔘崴實欲於此設一重鎮蓄謀在二三年之前不僅因俄約而趁從

此卧榻之前有人鼾睡利則進而退則守東三省其發〻乎東防之論主龕家先倡之　惠陵上仙時嘗上書高陽尚書力言極論高陽以示文文忠文忠韙之而覺其言之太亟也第命崇樸山尚書綺陪京無經略混同左右意文忠既逝文勤亦亡高陽復以憂去言者不復措意關東矣余以丁丑冬曾論邊防及之政府不省每推計之主龕立論之時正俄人垂涎之始由吳從蘄真老咸遠識哉聞主龕太夫人之喪念其家事猶哀悲衷為之低徊不置

出塞日記 光緒十一年乙酉

四月初一日宿宣化

初二日至張家口 敖陞庭萬全縣知縣 張上和來見 浙江仁和人字沚蓴難蔭知縣

初三日往見署都統永德 字峻峰 參領黃棋 字介臣

初四日永都統來答 張口同知褚瑨來見 字文軒湖北舉人

初五日黃介臣來 派頭臺勁力 察罕託落海

初六日報出口到臺

王粲從軍詩許歷為完士一言獨敗秦李善選注完

謂全具也言非有奇也論衡曰西門豹董安于識為完具之人能納韋經之教也淵鑑類函引吳完士今之四歲刑士也不知引五臣注者記之備考 漢書張蒼定律諸當髡者完爲城旦舂滿三歲為鬼薪白粲鬼薪白粲一歲入於隷臣妾隷臣妾一歲免為庶人完士似作刑士為得解說文寬古文完字疑宜完為城旦之完即寬宥之寬也

初七日晴

初八日往見紹都統祺字秋皋紹以余不拜臺肯頗致規諷其意良厚然余被譏以出若盡改其素守以

求合於羣不逞之徒非艱貞之道也

遣楊啓泰賫振勝回津合肥琴生均有書附寄

閱書二伯潛寄牛乳餅周子王謝尚會都下書四高陽醴陵南北兩宅兩弟書

冬一

午後急雨一陣

晉書和嶠傳太傅從事中郎庾顗見而歎曰嶠森森如千丈松雖磥砢多節目施之大廈有棟梁之用庾敳傳敳聚斂積實都官從事溫嶠奏之敳更器嶠目嶠森森如千丈松雖磥砢多節施之大廈有棟梁之用長輿太眞

名同以致複載亦疏矣

初九日時雨時止

晉書疏誤特甚直齋書錄集唐藝文志為晉書者有王隱虞預臧榮緒謝靈運干寶諸家太宗以為未善令偶捨陳志裴注及文選李注所引各書尚較舊書詳核

初十日晴往答諸同知庚辰偶游張堡略識塞上情勢三廳改用滿漢並補卯余議也孝達推之於山西七廳獄訟理訊邊人便之嗣後條請議治令河口余

據郡志乃止其役在西吉以撤游牧差在驛署則
禁餓殍地八年吉站大旱疏請振貸者數百余
裝恙之而邊城吏民猶能道其事今日重來為
之悵惘不置夜不成寐

十一日晴

寄家書附張朱憲書從湖之別感賦長句錄奉
清鑒塞上聞有山寺可游坡云無出勞人不如閒户有
味以讀居深味此言也通惠河魚頗美猶未必嚴瀨松江
遠甚也邊鄙亦枯鱐不可得正當以羊酪抵鱒

美耳

唐張鷟號浮休子宋史張舜民字芸叟自號浮休居士何張氏之相悟浮休也

十二日晴

十三日晴 晚龍松岑來擬續李申耆地理韵編借口

北三雁忍

十四日晴 作書甚艱窘

十五日晴

近人書有偕雅實俗者如言錄錢三百則日毛詩廿四則日花

信之類偶閱山谷尺牘致向宗高一則鮮自源閭中文行之士聞兩三到門昨乃幸一見承有袁王孫之意不識能割甫田歲取之數否如不能則自郭至於成湯亦佳也又不能則盤庚徙民涉河猶可若乃衛文公之騋牝吾何望哉聯篇謎語廣詞閱之噴飯蓋吝者當財貧士求助文節不得已而以妙語解頤耳豈可據為典要哉

十六日晴

寄家書南北各一函

十七日晴午後陰

欒城集缸研賦敘先蜀之老有姓滕者能以藥煮瓦石使軟可割如土嘗以破釀酒缸為硯極美云

肄書無所得學山谷而病似坡不能雙鉤懸腕奈何

十八日晴午後風霾作雨不成

得都下家書內人病未愈書十二日 甚悶

十九日晴

檢閱邸報朝邑已病賞假十五日聞和約猶未定議

寄家書

歐陽公硯譜凡瓦皆蔽墨今見官府典吏以破盆甕瓦片研墨作文書尤快近人率以銅合貯墨更快於破盆甕瓦者而館閣及士人遇殿廷試率用程君房方于魯磨

有賸游益州以其一遺之授余為賦且補六一硯詹所不及也

墨汁一試費墨不知幾螺亦松滋浩劫也

二十日晴

二十一日晴 午後倪泰來信知梓里病日增 遣褚福書隸

並寄邊潤民師書 作家書 南北宅各一 附寄合肥高陽

書

二十二日晴 褚福早行 是日見邸報 查辦軍臺恩

詔兵部奏奉

諭 佩綸軍務獲咎毋庸查辦

二十三日晴

柳柳州亦駮之曰視遠步高犯迂伐盡者皆必乎死

二十四日晴連日始有夏意然猶袷衣也

午後龍松岑来談言玉皇閣有经幢有字而無年月乃官呈署張廳同知時自塞外輦来者龍去張今至言甚難惟言隋碑一通在完縣擬託勞玉初榻贈云

晚得合肥書九日方到知議已成事由赫德電商法國定約合肥及兩使簽字而已

歐陽公有辨左氏一首不取外傳柯陵單襄論晉厲語謂目容知心聖人不能反復讀之不解公命意所在

則宜死者衆矣柳公謫多憤懣語不足性歐公何為者且既見於柳之非國語則此文可删矣

殆少作耳

二十五日晴

往答張大合龍戶部拍小坐即返

寄家書附九弟及許鶴巢書

二十六日薄莫雨連日天煖可衫寄復合肥書交驛遞

二十七日晴

椿壽賜奠外部過此

二十八日晴

和歐陽文忠班、林間鳩寄內詩

乙酉

六

二十九日晴

讀莊子漢書敘傳嗣雖修儒學然貴老嚴之術桓生欲借其書嗣報曰若夫嚴子者絕聖棄智修生保真清虛澹泊歸之自然獨師友造化而不為造化所役者也漁釣於一壑則萬物不奸其志棲遲於一丘則天下不易其樂不絓聖人之網不齅驕君之餌蕩然肆志談者不得而名焉故可貴也今吾子已貫仁誼之羈絆繫名聲之韁鎖伏周孔之軌躅馳顏閔之極摯既繫攣於世教矣何用大道為自眩曜昔有學步於邯鄲者曾未得其髣髴又復

失其故步遂匍匐而踈耳恐作此類故不進　敘傳稱嚴

子避上諱而藝文志仍書莊子五十二篇不諱

三十日晴

子涵臨行贈余柳河東集附龍城錄明郭氏刻精本也

直齋書錄謂唐志無此書蓋依託或云王銍性之作山

谷內集其甥洪氏兄弟所編斷自退聽堂以後而直齋曰

進德堂以後直齋不至誤疑亦板失校耳

五月初一日晴

得家書　已刻褚補而踈檇李壺巢䟽甚豐

豐潤張氏澗

張平子思玄賦載太華之玉女兮召洛浦之宓妃謂明帝及洛神也臣賦中語上帝所及耶 子雲反騷亦有之

曉颿書言都下傳言余賜環往勘琿春畛數日始

已

得八弟書劉巡撫檄辦台州海門釐捐

初二日天煩熱午後雷雨

離騷吾令豐隆乘雲兮求宓妃之所在兮建本之作洛神賦感年莫當良會永絕皆自喻也潛處太陰寄心君王明明道破矣乃無端造感甄之說誣謗陳思在甄氏雖再醮之婦不可言貞而鬼若有靈以穢塞口寃恨以沒亦何暇蒙羞自薦陳思處讒畏譏明禮知義即有

恍忽夢寐之遇亦安敢棋為詞賦自取誅夷耶記極庸妄或即鄭后等所進之謗李善采以入注可云無識余故表而出之以雪甄后地下之冤以洗陳思不根之謗是亦史遷於陳平傳先叙逐嫂之意歟衎儒樵書 不多是說當有發之者如無人拈出當作一文辨之

初三日晴

枯坐甚悶作悼鳳詩

初四日晴

得章琴生同年書附詩六絶李仲彭孫闓如均

有書

初五日晴

賜光山有泉兩派上注者曰歎玉仄出者曰汎珠命僕汲泉品龍井茶味寒冽

後漢王霸傳盧芳與匈奴烏桓連兵寇盜尤數緣邊愁苦詔霸將弛刑徒六千餘人與杜茂治飛狐道今蔚州飛狐縣北通媯州懷戎縣即古之飛狐口也堆石布土築起亭障自代至平城三百餘里凡與匈奴烏桓大小數十百戰頗識邊事數上書言宜與匈奴結和親又陳委輸可從溫水

漕水經注曰溫餘水出上谷居庸關東又東逕軍都縣南又東逕薊縣北蓋通運漕也以省陸轉輸之勞事皆施行○趙氏一清論漯餘水以此注為傳寫之訛且以竹垞先生援此注疑溫水非無據詆為不學之甚博如竹翁乃以不學詆之措詞亦太過矣

初六日晴　至米市街卜居不就

復琴生仲彭書

郎顗七事凡九二困者衆小人欲困害君子也注曰困而不失其所其惟君子乎唯獨賢聖之君遭困遇險能致命遂志不失其道章懷注易困卦曰澤無水困君子以致命

遂志困卦致曰下兌上坎為水兌為澤水在澤下是為竭涸之象故以喻困致命遂志謂居子委命困窮不離於道也 近孫淵如集解亦未及此但史徵口訣尚引用章褒所注必本舊說似亦可采

初七日晴 都司王金榮自津來言四月廿七日與法使約蔡邕徙朔方上書奏其所著十意章懷注猶十志也案桓帝諱志之字曰意耳 注未明

得葉子晉書又得倪僕等稟

闓相初一病歿

于艸堂石影

初八日晴

初九日晴夜有風

得再同書

初十日晴

寄安圃書

莊子魯有兀者叔山無趾踵見仲尼仲尼曰子不謹前既犯患若是矣雖今來何及矣無趾曰吾惟不知務而輕用吾身吾是以無足今吾來也猶有尊足者存夫天無不覆地無不載吾以夫子為天地安知夫子之猶若是也孔子曰丘則陋矣

夫子胡不入乎請講以所聞無趾出孔子曰弟子勉之夫無趾兀者也猶務學以復補前行之惡而况全德之人乎讀之有感

午後張沚蓴來言錫鄧兩使初二到都復命

十一日晴午後微陰甚燠

王都司爲余賃一屋在下堡南明内地僻屋潔余往視甚愜意不必如坡公之營雪堂矣寄家書

夜雨甚快

十二日晴午後雷雨

得安圖書知粹玉病愈

錫鄧復命知已特議於約定後報孤拔已死託言病歿

各國言馬江之役爲陳英轟擊死初四五間有日本人赫

田浮歷過此踵門求見言孤拔已斃於陣張公何以在此余

屬僕輩以不見外客卻之咨嗟而去

十三日晴夜大雨

胡守三寄百金來作書卻之交琴生

十四日晴

叔濤祭酒五月端午卒于杭州故交老輩爲之感槩

代安圃作祭文一篇寄安圃書 十五夕發

十五日晴

晨起得合肥書言潘伯寅尚書過津入都時有

旨命李左曾彭張楊等議水師合肥擬以無人無財復

奏云

得伯潛書 四月廿三日寄

偕僕人行菜畦中晚眺

十六日晴

挈朱存袁趁兩僕赴軍臺出大境門東北行倚郭朝

陽村黃土窰東西兩部陶賴廟廿里過山坡察罕託落三十里五十
家五十里黃花坪上下兩村過山路甚險仄五十家察罕託落海六十里
朝陽村皆與樂山若話黃土窰兩村緣山雜蒔鶯粟花色
如錦丹毒如焰過陶賴廟半山行兵五十家皆山西橋次五
臺民避此種青稞自給王都司為余設食于此察罕
託落海為第一臺在山顛臺後有一廟乾隆間立山名
日央沙霍碑云盤龍雙鳳山臺屋三間旁屋六間均狹小
蒙古官居之兼以候往來藩部官吏旁有旃屋兩三幔
臺員無可棲止其相沿不赴戍所非得已也嘉慶以前

居元寶山今山為洋商所據土伎所居流人寧在下堡
矣蹤宿閭頓〻廟、康熙年間立祀 關壯穆/有稗松六
株苛藥兩叢自境門外地皆名察罕託落海蒙古語
察罕者白託落海者帽狀其稱廬之色也察罕即揷漢
察罕亦三十里之察罕託落乃萬全邊六十里之察罕託落
海乃旂臺同一地名即閭頓亦託落之轉音若夾沙龍
鳳則土人目造名字無關攷証者矣毋清延水河在頭臺之西有
灞宛延而入境門道中絕流而渡者屢水或由地湧出雜滙
山溪而大也縣志謂即水經之甯川

十七日晴

晨起由陶賴廟歸得僕倪泰啟寄韓文公廟碑至

潘伯寅師服闋至都奉

旨仍在南書房行走署理兵部尚書徐桐解兵尚潘光

緒八年入樞直九年丁父憂居政地三月餘

得顧皞民書皞民自吉林分巡罷[illegible]

十八日晴

作陳伯潛前輩書

十九日晴

直齋書錄以朱子校定韓集有益後學獨用方崧卿增本大顛三書方氏刪削甚嚴存此書以見邂逅常語初無崇信之說欲明世間問答

作復合肥書明日遣戚姓兵至都並寄合肥伯潛樂山鶴巢吳子述葉子晉宗載之八弟粹玉安圃十書

二十日晨雨午後雨止沈陰竟日

得粹玉十六安圃十八書 商賈間覓急足寄書兩日而至十八書適得人便耳

昌黎與大顛書歐陽公集古錄跋尾云以繫辭爲大傳謂著山林與著城郭無異等語宜爲退之之言東坡雜說或者妄撰退之與大顛書其詞凡鄙雖退之家奴僕亦無此語今一士人又於其末妄題云歐陽永叔謂此文非退之不能作又誣永叔矣余主坡說以此文非昌黎

者偽而不悟此書為偽矣先蓋由歐公跋語之故不知歐公自以易大傳之名與己意合從而實之此自通人之一蔽東坡固嘗深辨之朱公洪以為歐筆無疑方未足責晦翁識為一世所宗迺亦殊不可解

作口東雅據世綵引攷異以跋爲歐筆親又引洪慶善辯證僞作別傳永叔跋吳源明云徐君平見介甫不喜退之故作此文觀答孟尚書簡書與之語雖不盡解大顛身分可想矣鄭璐謂與孟簡書文過飾非而以撰大顛之辭非之爲公自取語亦太過特公以諫佛骨貶而貶所乃與僧往來幸而有孟簡書至得以辯證否則流謫都下不亦責居厚而處己恕哉

二十一日丙

錢獻之斠注地里志上谷郡廣甯下注今延慶州口廟諱下

注在今延慶州西引魏土地記大甯城小甯城爲證茹下注今

興和衛佩綸案水經注于延水東徑小甯縣故城南又東徑

大甯縣故城南又東南逕茹縣故城北又東南徑鳴雞山若

以延慶當廣甯及口直水已逕延慶復逆流而至興和不可

通矣獻之既以下洛爲宣化府城魏土地記曰下洛城西北百

三十里有大甯城漢魏下洛是否一地俟攷要之在廣甯西北百三十里矣斷不得以延慶當大甯小甯也延慶在

宣化東南其誤顯然萬全縣宣鎮志以爲楨陵固謬獻

之定爲延陵征應音畿輔志以爲大甯縣志以大甯小甯

相距二十里定爲萬廣甯口兩縣之地以于延經流攷之

臯民謂武侯不可及在明志致遠兩語此宋人語錄魔障非澹薄無以明德非寧靜無以致遠乃淮南主術訓語武侯特誦之耳

近是

二十二日晴

得葉子晉書

二十三日午後雨

褚同知增自津歸過我辭不見

二十四日大雨有雷

得家書寄白金二百兩爲移居計 寄臯民書

二十五日晴

得再同書寄王劉十子來

岑毓英以唐炯居官廉潔乞貸一死奉
旨嚴議
瞿子玖視學浙江顧肇熙仍以道員選用
二十六日晴
晨專使自京歸 得安圃書 許鶴巢黃再同復書
移居張家口下堡南門城根城隍廟街
得奎樂山五月十八日書
閱邸抄岑毓英嚴議處分由革留加 恩改降二級留
任 十八日于次棠前輩到京

本經訓篇堯乃使羿
舜乃使禹亦羿禹並
論之證

龍松岑來談言滂馬家渠之石佛寺有明成化石刻

二十七日晴午後急雨一陣

淮南本經訓 民之專室蓬廬無所歸宿高注專持
小室也余按專古甎字

羿善射奡盪舟孔馬均不詳其世朱注以為有窮后羿
及浞亭林以羿為堯時羿無若丹朱傲罔水行舟傲即
奡字與禹稷同時故並論之南宮豈以弒君之賊方兩聖
較量朱注似不可從淮南氾論訓炎帝於火而死為竈
禹勞天下而死為社后稷作稼穡而死為稷羿除天下之

乙酉

十六

豐潤張氏澗

害而死爲宗布此鬼神之所以立爲注此堯時羿非有窮后羿此亦堯時之羿與禹稷並論之一証也淮南詮言訓羿死於桃棓注大杖說山訓羿死桃部注地名莊逵吉謂桃部即桃棓說較長此則有窮后羿也

寄再同書家書

二十八日陰午後急雨一陣

柳州辯晏子春秋以劉班父子錄之儒家爲不詳宜列之墨家是也揚子五百篇墨晏儉而廢禮是揚以晏爲墨也柳嘗刪定法言者仍劉班之失而沒揚之說何歟

二十九日晴早晚微雨且雷

荅龍戶部小坐即返

六月初一日陰雨

夜卧聞水聲塞外溪河漲注也 遣褚福歸 福有疾

初二日晴

得家書粹丑病頗反復復作一書寄都

閱邸抄論宣光功岑毓英加雲騎尉唐景崧花翎記名劉永福等賞巴圖魯有差

初三日雨時作時止

寄樂山書 初一驛遞 劉仲良書 交都司王金榮 仲良有書復之

說文厲旱石也砅履石渡水也詩曰深則砅段以為假借字莊逵吉淮南本經訓蒲呂梁注下謂在彼淇厲以例推之亦當作砅梁砅俱置石水中以渡行旅毛鄭注詩恐未得其解因許疑毛殊過毛不得解豈爾雅釋水亦不得解乎余疑砅即厲之或體故深則厲韓作深則砅禹貢厲砥元應作砅砥僞說命用汝作厲宋庠國語補引作砅其作濿作礪皆孳乳之字也以衣涉水履石渡水兩義互相發明强諸說而附就說文亦乾嘉間說經之一蔽也毛淇梁石絶水曰梁東原以橋梁釋砅與莊說梁砅同義恐並失許意段以為

若今有水汪甓甎石而過此水之至小至淺者邶風當日淺則厲矣○毛匏有苦葉傳以衣涉水為厲謂繇帶以上也合爾雅二語為一斯為通解段以履石渡水乃水之至淺無待揭衣與深則厲涉趾二事糾毛而轉背許安知渡水者非手攝衣足履石耶經生之固可一噱也　胡給事毛詩後箋未在行篋當俟攷　厲作砅三證均段說文所引

初四日陰時有飄雨

連日米價漸平不知居庸以南如何

蘇詩徑山道中次韻答周長官兼贈蘇寺丞　空巖側破甕王見

大引合注易林餖飣破碎余按柳子厚游黄溪記其略若剏大甕

側立千尺溪水即焉此蘇所本足見無一字無來歷也

初五日晴

讀書宜有程課三十以後精神不如光時與其汎覽不如專精

得家書　寄安圃再回書

初六日晴

漢武紀元朔六年詔孔子對定公以徠遠注攢以論語及韓子皆言

葉公問政今云定公與二書異余按定公是也若是葉公必與直躬章連

記矣

初七日晴天氣甚燠遼人言十餘年無此暑矣龍松岑來

禮記月令淮南時則訓皆抄合呂氏春秋行篋未攜呂覽以禮与淮南互校異字聊以遣日而已

孟春

日在營室 作招搖指寅 其日甲乙 上多其位東方四字 下多盛德在木四字

帝神 八字無 蟄蟲始振蘇 月令無蘇字 魚上氷 淮南魚上負氷 鴻鴈來 作候鴈北 天子居青陽 淮南作天子衣青衣乘蒼龍服蒼玉建青旗食麥与羊 下有服八風數語朝于青陽左个以出春令無其兕句

是月也以立春至天子乃齋 淮南無在前 布德施惠行慶賞省徭賦淮南

立春之日天子親帥三公九卿諸侯大夫以迎春于東郊 淮南删諸
侯 迎春作迎歲 還反至於朝 淮南無 作修除祠位幣禱鬼神
犧牲用牡 命相布德 淮南約記於前 乃命太史至入學習舞 淮南無
乃脩祭 至 毋用牝 淮南作脩除云云 禁止伐木 淮無止字 毋覆巢毋殺孩
蟲胎夭飛鳥毋麛毋卵 淮南無毋作毋覆巢殺胎夭毋麛毋卵
毋聚大衆 至 埋觜 淮省大字 是月 至 之紀 無 孟春行夏 至 不入 雨水作
風雨 蚤落作早落 時有恐作乃有恐 猋作飄風 大摯作大雹 首種
作首稼 月未淮南有正月 官司空其樹楊 以下仿此不備載

仲春

月令肆掠肆謂死刑暴尸也周礼肆之三日高注毋笞掠言不用也余謂笞與掠類

阮校勘記甬作桶盧文弨校云屬正方斛謂之桶 高注斗稱量器也疑甬桶稱相因而譌淮南亦當作甬也

日在奎作招搖指卯以下每月日在某均作招搖指某不備載 甲乙上下刪增如孟春 先脾同 始雨至為

燭同 天子下倒置與孟春同 朝于青陽太廟上仍有服八風水數語

是月也安萌牙至止獄訟 作命有司省囹圄去桎梏毋笞掠止獄訟

養幼小存孤獨以通句萌 擇元日命民社 綸按文同特倒置耳

是月也元鳥一節淮南無 是月也日夜分至必有凶災 淮南作蟄蟲

咸動蘇無啟戶始出字 乃發作始發無始電字 將發作且發 日夜分則

同度量鈞衡石角斗甬正權概 淮作令官市同度量鈞衡石角斗稱端權概

耕者兩毆 淮作毋竭川澤毋漉陂池毋焚山林毋作大事以妨農功

天子乃鮮羔至習樂無祀不用至皮幣 同祀作祭 行秋令至為害

阮校月令亦有誤作萍者宋大字本惠校宋本岳本衞氏集説石經同作蓱余意淮南當亦作蓱

同相椋作相殘　國乃大旱作其國大旱　阮校惠棟校宋本埶作執

執乃埶字也

季春

蓱始生　作萍始生　鄭注蓱萍也　高注萍水藻也　桐華　諸語同　鷹鞠一節無　命舟牧覆

舟五覆五反乃告舟備具于天子焉天子始乘舟　至　祈實　淮南作

舟牧覆舟五覆五反乃言具于天子天子烏始乘舟云云　高注烏猶安也自冬至此而安乘舟故曰始　莊逵吉按各本烏皆作焉注作焉猶於也　佩綸謂

高注義自是作烏但烏實焉字鄭本而倒置譌為烏耳無煩曲解

是月也生　至　賢者　淮南無布德行惠四字　倉廩作囷倉　賜作助　無周天　下三字　勉作使

是月也命司空曰　至　障塞　淮南無是月也及曰字　道達作導通　下曰達路　除道從國始至境止無開通八字

田獵　至　九門　同　罝弋二字在罝罘上　餧獸　至　餧毒　是月也命野虞　至

高注撲持也三轉謂之
撲錢別駕謂三轉乃三
蹣絲緬縢謂撲即曲
簿說文解字曰專六寸
簿也三轉當作三專莊
逵吉以兩說無可定姑
附之俟攷佩觿揆專說
是說文專六寸簿也一曰專
紡專毛曰瓦紡專也高
注本係訓專室專持
小室也撲與專訓同屬
持可証段大令專字曰
謂綱絲者以專為錘
廣韻曰鑄紡錘是集韻鏄一曰紡專
鄭注植槌也然則撲

戴勝降于桑 是月也三字省命作乃禁戴勝作戴鵀高注戴鵀戴勝鳥也

具曲植籧筐 作具撲曲筥筐 后妃至敢惰 作后妃齋戒東鄉親桑省婦使勸蠶事餘無

是月也至蕩上心 作命五庫令百工審金鐵皮革筋角箭幹脂膠丹漆無有不良餘無

是月之末至視之 作擇下旬吉日大合樂致歡欣 是月也至于牧也三字 無是月

犧牲至書數 無 命國難至春氣 同 行令一節 同 淮南上有行是月令甘雨至三旬九字

不收作不登 阮按國難石經難作儺淮南亦作儺然儺難一字按古書偏旁小異此類不足論也

初八日晴暖

孟夏

日在畢 作招搖指巳餘類推 丙丁上 有其位南方 下 有盛德在火 無帝 蟲至先 神二語 下兩月可推

植異文同義耳周禮攷工記摶埴之工鄭注埴書或為植因悟摶即專字阮校據釋文以唐石經作摶為誤而轉從摶非也始皇紀摶心揖志專作摶之證阮校據各本太大別淮南亦作大並太大一字不足論

月令惠棟校宋本蚯作邱

肺同 螻蟈鳴至苦菜秀同 蚯蚓作邱螾 天子居明堂作天子衣乘服建云云食

菽与雞下有服八風水云云朝于明堂左个以出夏令 是月也以立夏至欣

說作立夏之日天子親率三公九卿大夫以迎歲於南郊還乃賞賜封諸侯●修禮樂饗左右 阮校頗論各本帥率異文帥率一字不足論也

乃命樂師八字無 命太尉贊桀俊至毋伐大樹 選賢良不作遂 長大作孝悌 必當其位

作佐天長養 壞墮作隳壞 起土功作興 毋發大眾四字省 是月也天子

始絺無 命野虞至毋大田獵命作令 行田原無出字 無令害穀 餘無 勸農事驅獸畜

農乃登麥有 天子乃至寢廟無乃字 是月也至出輕繫無 首尾六字小罪在

輕刑前蠶事兩節無 行令一節同 毀其城郭作隳壞城郭

仲夏

阮校鵙始鳴惠本岳
本石經釋文作鵙
淮南作鵙高注伯勞鳥
詩七月鳴鵙毛鄭均云
伯勞余謂从鵙是也
呂覽灰作炭
執騰駒釋文蔡本作
縶
木堇阮校釋文出木堇
若又引古本堇作槿淮
南作堇注作槿䟦堇槿
一字不足論也

小暑至至無聲同 養壯佼無 是月也至柷敔 淮南毋是月也三字琴瑟必上無均字調竽

篪飭鐘磬在執干戚戈羽上無笙簧柷敔字 命有司至盛樂同乃命下無

阮校各本鐘鍾異文淮南作鐘作鍾是也

天子至寢廟同上出農乃至月也無 令民毋艾藍以染令作禁 毋燒灰至

班馬政同淮南益其食有存鰥寡振死事六字 是月也至以定晏陰

之所成首三字無 處必掩身毋躁作慎身毋躁 止聲色作節 毋或進

毋致和六字及節耆欲六字均無 毋刑作毋徑 鄭注云今月令作

徑餘同 鹿角解至處臺榭 是月也無 毋用火南方作禁民無發

火下無三可以 升山陵作登邱陵

行令同 凍作霰 晚熟作不熟 阮校岳本作孰此古今字無關同異也

季夏

昏心旦奎 其位中央 其日戊己 盛德在土 其蟲嬴 其音宮律中

鄭注螢飛蟲螢火也
高注蚈馬蚿也幽冀
謂之秦渠蚈讀奚徑
之徑也洪頤煊九經古
義補按呂氏春秋淮南
子周書時訓解皆有
化字藝文類聚三引月
令皆有化字

百鍾其數五其味甘其臭香其祀中霤祭先心 自心与月令自火異吕一段移
中央土於前故大書淮南以免複舉月令 百鍾与月令黃鍾異 溫風始至 溫作涼 蟋
蟀居辟 辟作奧 高注奧或作辟也 腐草為螢 作腐草化為蚈
天子 衣乘服建均黃朝于中宮与月令大廟大室異文 命漁師至納材
葦 命上有乃字 納作入 鄭注令月令漁師為榜人而淮南澤人作滂人高
注掌池澤官也疑淮南亦澤人入林葦而漁師二字為榜人如令
月令展轉 是月至祈福 首三字無 令民毋八字無 以祠之壇四字無
而誤 大合二字淮南作大夫令 余謂月令奪夫字
淮南令當作合 餘同 行患令吊死問疾存視長老行桴鬻厚席
蓐以送萬物歸也 淮南有月令無 是月也命婦官染之度 首三字無
必以法故二句無 下作以給宗廟之服必宣以明 至毋敢詐偽並無 是月也至
黑黃倉赤作青黃白黑

鄭注彊𤺺騂之地
高注又有時雨可以
殺草為糞美土
疆土分畔者也鄭
見作疆是我疆我
理与疇互文異倘宜
俱肥或美上有肥字

天殃 乃命八字無 有天殃餘並無 毋有作勿敢 下作不可以合諸侯起土功動衆興兵必

是月也土潤溽暑至美土疆 首三字刪 土潤至時行同 下作利以殺 草糞田疇以肥土疆

行令 同 鮮作鮮 國多風欬 無國字

褚文軒同知來以和議稿見示

得再同書將移居內城安圃有書家中寄食物來

初九日陰雨

孟秋

昏建星中 作昏斗中 旦同 庚辛上 其位西方 下盛德在金 餘並同 帝神無

涼風至 至行戮同 天子 衣乘服建食並同 下服八風水云云 朝于總章左 个以出秋令 無其笼同

乙酉

月令隄防作坊並亦作防
故不別之

求不孝不悌戮暴悍而罰之以助損氣 月令無 淮南有 是月也至天子乃齋

並無 立秋至於朝 同 反作乃 天子至遠方 無天子乃及以明好惡七字 遠方作四方

是月也命有司脩法制繕囹圄 首三字無 餘同 下作禁姦塞邪審決獄 平詞訟 餘無

天地始肅不可以贏 同 是月也至寢廟 無也字 乃作始 命百官至城郭

壅塞作障塞 脩城郭在繕宮室前 無坏垣牆三字 是月也至大幣 首三字無

封諸侯無諸字 下作立大官行重幣出大使 無毋以割地四字 行令 同 淮多

行是月令涼風至三面兩句 國多大災作冬多大災 余按冬字無義

鄭注今月令瘧疾為厲疫

仲秋

盲風 作涼風 鴻鴈 作候鴈 養羞 作羣鳥翔 高注或作養 是月也至飲

小大或作大小淮南作小大

王引之云本作雷乃始收祁學記輯入疏可證淮南時則訓同

鞠有黃華淮南作菊此亦古今字阮校月令本亦作菊

食 首三字無 衰老作長老 糜作稃 乃命司服至反受其殃無 是月也乃

命宰祝至中度 是月也岁無 下作行犧牲案芻豢視肥臞全粹 察物色此下同必作深揩作莫不 五者八字無

天子乃儺至行罪無疑 同 是月無也字 其有失時句無 務畜菜上無務字 菜作采 乃勸種麥作勸種宿麥 是月也

至水始涸 無日夜分三字 雷始收聲作雷乃始收 日夜分至斗甬 無則字同作一甬作稱

是月也至乃遂 首三字無 易作理 納作入 賄作財 腑作方 則財作財物

凡舉大事一節無 行令 同 乃有恐作有大恐 五穀下有皆字

季秋

鴻鴈來賓 作候鴈 是月也至宣出入 是月也作命有司 百官上無命字 內作

乃命冢宰至神倉 同 無祇敬必飭字 是月也霜至習吹 無則字 餘同 無命樂正三字

豐潤張氏澗

鼽嚏鄭不注說文
鼽病寒病窒也
當從窒

是月也 無大饗帝嘗犧牲同 無皆備于天子 命諸侯 至 為度 十字 職作歲 無以給

乃教於田獵以習五戎 上是月五字下班馬政三字均無 命僕 至 誓之 僕作太僕 載旌旐作載旌

整設作皆已設 北面誓之作北嚮以誓之 天子乃厲飾 作厲服厲飾 執

弓挾矢以獵 作操矢 命主祠祭禽于四方 無于字 是月也 至 宜者 無也字

蟄蟲咸俯 下無在內皆墐其戶六字 通路除道 從境始至國而后已 是

月也 至 寢廟 無也字 行令同 鼽嚏作鼽窒 師興 不居作師旅並興

寄家書 並致于次棠前輩書 勸其赴粵

初十日晴

孟冬

高注井或作行 行明內
地冬字在內故祀也
與鄭明外說異

昏危旦七星 同 壬癸 上其位北方下盛德在水 無帝神曰 其蟲至先賢

同其臭朽作其臭腐 水始冰至不見 並同 天子 衣乘服建並同 食同下服八
祀行作祀井 風水教語朝于元堂左个

以出冬令 命有司修羣禁禁外徙閉明閭大搜客斷罰刑殺當罪阿
上亂法者誅 淮南增 是月也至乃齋無 立冬至孤寡 迎冬作迎歲

辰作乃 恤作存 是月至吉凶 是察 無也字 大史作大祝 有禱祀神位四字 釁作
占 占兆審卦作審卦兆 吉凶是察作以察

吉凶 阿黨則罪無有無以見前 鄭注令月令作釁祠祠行 是月也天
子始裘 是月也作於是 命有司曰至成冬 無命百官至徯徑 行積聚 無循字

無有不斂字無 修也 坏作修 戒作警 封疆作封壟 鄭注令月令疆
作壐 備作脩 塞作絶 無謹關梁內

飭喪紀至等級 飭作飾 下作審棺槨衣衾之薄厚營丘壟之小
大高痺使貴賤卑尊各有等級

二之

月令大小厚薄亦有作小大薄厚者無按經之差殊不在呼

飭飾唐人混而爲一
見匡謬正俗

豐潤張氏澗

月令作拯二百作橤淮
南作棄接棄二字不返論
月令鄭注飲酎節亦
有作蓋並此不足校
阮校鶡下山雉條刻及段均作
似雉
阮校釋文作曷旦本亦作
鶡旦不經作鶡鳥
説文鶡下云山雉鴠下云
渴鴠段玉裁云渴鴠
當依月令作曷旦淺

是月也命工師 至 度程 無命字 餘同 功致 作堅致 作為淫巧必 下作工事苦慢 行其罪 窮

無 作務以字与月令同而前後略異 是月也 至 息之 巫作蓺 兩字通並作巫 是 乃祈無乃字 割祠

作禱祭 及門閭臘先祖五祀作畢饗先祖 農下有夫字 天子乃命 至 角

力 無天子乃三字 力下有勁字 是月也 至 侵削 作年 下無 是月也三字無 無敢字削

行令同 上泄作發泄 國多暴風作多暴風

仲冬

昏東辟旦軫中 淮南無東字 高注東辟北方元武之宿則原文亦有東字

祭先 張 益壯 至 始交 同 鶡旦作鳱鴠 命有司曰 至 暘月 毋發蓋毋發 室屋作無發

室居 以固而閉地氣沮泄 無 居作藏 又作有 命之無之字上有急捕

盜賊誅淫泆詐偽之人

人改之也 鳥注鳱鴠山鳥 鄭注鶡旦求旦之鳥也 佩倫楼坊記作盍旦 方言作鶡鴠鸐鴠 与淮南鳱鴠[illegible]同 廣志作鳱旦 皆一音之轉[illegible] [illegible]音轉也 段既知音轉 必以渴為淺人改 亦適 惠校宋本此所以助天地之閉藏則月令本有所字

命奄尹至省婦事 同上無是月也下並無 乃命大酋至差貸 饎作熺 鳥注熺炊饎火之饎也炊乃饎字耳 無兼有六物兩句 貸作忒

天子乃至井泉 無祈字 名澤無源淵井泉字 農有至不詰 下無者字 藏[聚] 馬牛作牛馬

山林至不敕 奪下無者字 是月也至所定 無諸生蕩三字 無身欲口三字 而移欲靜于檢身下口身體於安形性上

無采內 芸始至水泉動 有是月也三字 荔挺生在芸始出上 蚯蚓作邱螾

日短至至用者 無日短至三字 無是月也可以字 塗闕庭至藏也 以作所 無藏也二字

行令同 天時雨汁作其時雨水 蝗蟲作螽螟 疥作疾

季冬

鴈北鄉至鷄乳 始巢作加巢 乳作呼卵 命有司至土牛 同 無以送寒氣句 征鳥厲

疾至神祇 無是月也至寢廟 無是月也三字 乃嘗作射字 水方盛

無水潦腹堅鄭注今月令無堅 令告民至田器 無告字 命農作令農

命樂師至薪燎 薪下無柴字 郊廟作寢廟 是月也至毋有所使 無

歲數將幾終句 歲將更始將作且 專而作令靜 天子至之宜 無共字 飭作飾

乃命大史至山林名川之祀 之饗作之芻事 同姓之邦作國 余按此諱邦字也 無命宰歷三字 卿下有士字 無土田之數而

賦犧牲句 民在天下句至末並無 行令同 多傷無多字 一字也 妖作祆 國作痼本

太暤句芒見篇末諸解

季夏節靡草月令注舊說薺亭歷之屬淮南注靡草則葶歷之屬

佩觿按則字當作葶阮校各本葶藶從草盧校初學記亦從草

鶡鴠檢元統韻會鴠說文渴鴠也从鳥旦聲引詩相彼鴠鴠尚或惡之鳴急旦也廣韻鴠鳥增韻鴠鴠求旦之鳥禮記曷旦一作鶡旦一作渴旦文選鴠旦鴠音渴足為月令淮南兩本疏解通明疑以渴為淺人改語誅武斷。疑引御覽鴠可旦也最為古本

凡四日讀竟後學讀書粗率可笑

十一日晴

答褚同知辭　得家書

王瓜鄭注萆挈也今月令曰王萯生夏小正云王萯秀未聞孰是高注栝樓也正義王瓜萆挈者本草文未聞孰是一疑王瓜是王

萯也說文菩菩蔓果蓏也（菰或作蓏）萯王萯也詩秀葽傳葽草也箋夏小正四月王萯秀葽其是乎果蓏傳栝樓也箋同鄭以葽為王萯果蓏為栝樓王瓜為草挈与高迴異爾雅釋草果蓏之實栝樓李巡曰栝樓子名也孫炎曰齊人謂之天瓜本草云栝樓如瓜葉形兩兩相值蔓延青黑色六月華七月實如瓜瓣是也（爾雅以下引詩正義亦雅邢疏郭云今齊人謂之天瓜）余謂鄭於王瓜注嚴慎未能遽斷高注略疑有所授之也各家均有論釋余自以臆從高耳○草挈唐韻古音作菝葜傳雅菝挈狗脊也本草菝葜猶菝𦯶也菝𦯶短也玉篇作菝𧄧靈樞經栝樓作𧄧𧄧甘疽色青狀如穀實菰蓏是也菝菰菰蓏字形相似因改兩說偶類似

之非敢定論也

十二日晴

先母忌日吾不與祭如不祭愴感久之

作家書寄十三日

閱邸報香濤賞孔雀翎蘇元春馮子材三等輕車都尉餘敘擢有差張曜為廣西巡撫治護城河唐仁廉為廣東陸路提督蘇元春補廣西提督　諭旨臺功將士敘擢有差林維源補內閣侍讀學士

十三日晴

寄家書子涵書再同書
合肥嘗贈余青驄調良顧之就戌時盡賣車騎獨不忍棄
馬留之子涵廄中比子涵亦減騶從乃復歸之合肥
過廬臨城登城一望疎思邊愁頓起胄高明復至城隍廟小憩
廟有白丁香一株神手持一卷書乃乾隆　御集也

十四日晴

得合肥復書並寄海戰新義兩冊
漢書高紀十年夏五月太上皇后崩秋七月癸卯太上皇崩史記無夏
五月八字通鑑攷異荀悅漢紀五月無后字七月無崩字殿本攷證引之

余按史記盧綰傳作高祖十年七月太上皇崩漢書作十年秋太上皇崩
如漢紀夏崩秋葬琛寫崔之論要以公此八字爲正

十五日晴

淮南原道訓五色之變不可勝觀也高注常事曰觀（視）非常曰觀春秋春隱公觀漁于棠是也推達吉說文解字觀諦視也古字古義自有一定誘解得之時則訓伐蛟取鼉登龜取黿高注爲（言）取難言伐尊言登達吉以三字疏解爲精余謂常事曰視兩說乃穀梁隱觀漁于棠傳伐取登三字解與鄭注月令同似不足贊爲創解

寄復合肥書千總趙大福赴津也

十六日晴

得家書粹玉頃來愈　閱邸抄鄧承脩論劾沈保靖得

自開缺左楷及吏部堂司均議處

十七日晴午後微雨入夜漸大

石秀才儒珍來保定人習於庫倫塞上形勝留宿西齋

十八日陰雨

龍戶部來

韓廣以上谷卒史詢蓋游王臧荼及酈商剿定上谷

說文夰部虞書曰若丹朱奡讀若傲論語奡盪舟此亭林所本史記集解仲尼弟子列傳注孔安國曰羿有窮之君篡夏后位其徒寒浞殺之因其室而生奡奡多力能陸地行舟為夏后少康所殺以禹稷比孔子乃禹賢說此足補五月廿七記所漏論語疏六月五月間偶檢汲古閣節本脫之耳

十九日午後大雨

雨後石秀才來時客宣鎮至可陞處送石生後登城縱眺至大士廟小坐而來

被都統文調回張堡効力

二十日晴

淮南時則訓不詁高注十母十二子鄭注月令奪甲丁丙辭曰檢淮南天文
訓所鮮為亂精指蔑則萬物螾螾也卯則茂茂然辰則振之也巳則
生巳定也午者忤也未昧也申者申之也莊本作呻余依段氏說文改之酉者飽也戌
者滅也亥者閡也子者茲也丑者紐也遷史因之寅言萬物始生螾然也
卯之爲言茂也言萬物茂也辰者言萬物之蜄也巳者言陽氣之巳
盡也午者陰陽交故曰午未者言萬物皆成有滋味也申者言陰
用事申賊萬物酉者萬物之老也故曰酉戌者言萬物盡滅故
曰戌亥者該也言陽氣藏於下故該也子者滋也滋者言萬物滋於
下也丑者紐也言陽氣在上未降萬物厄紐未敢出自亥者至此應在寅言萬物之前誤倒

于艸堂石影

十母壬之為言壬也言陽氣任養萬物于下也癸之為言揆也言萬物可揆度也甲者言萬物剖符甲而出也乙者言萬物生軋軋也丙者言陽道著明故曰丙丁者言萬物之丁壯也故曰丁庚者言陰氣庚萬物故曰庚辛者言萬物之辛生故曰辛　班書律歷乃采王莽時雜說則曰孳萌於子紐牙於丑引達於寅冒茆於卯振美於辰已盛於巳咢布於午昧薆於未申堅於申留孰於酉畢入於戌該閡於亥出甲於甲奮軋於乙明炳大盛於丁豐楙於戊理紀於己斂更於庚悉新於辛懷任於壬陳揆於癸許氏說文要不能外此其曲乙乙也段玉裁乙乙軋軋假借字不知馬班及鄭注月令

亦云乙之言軋也乙乙直當作軋軋不必以假借為解丁萬物皆丁實小徐作丁壯成實實無義當依小徐本改為丁壯與史記律書同訓蓋許解十母多本遷史戊巳史未訓始采他說故不類其十二子則皆本淮南書蓋許親注淮南故也段氏據淮南改髕為螾極有見許申神之當為申申而並疑淮南之非呻之亦以馬班參證也鈕樹玉駮之殊可一咲余意未味也六月滋味也上味字當是昧也下當是六月萬物有滋味也蓋參用淮南及遷史之說如韵會所引六月之辰巳是臆改耳酉就也巳是能也之譌頗疑卯酉同形酉音讀似今之卯音故淮南訓飽遷史訓老耳

于卅堂石影

丣柳同字故亦訓留孰段氏疑酒下當刪之酒部凡从酉之字皆从酒者亦頗深於刺詆鈕氏譏之殆以段操觚其說故耳

二十一日陰晚微雨

通景茶領小坐

得倪豹岑書並邸抄張夢元調閩藩李秉衡擢桂藩李用清廣威仰候簡藩爵署黔撫曾紀鳳擢黔藩李元度授黔臬

許振褘擢豫臬

史記律書十月律中應鍾應鍾者陽氣之應不用事也十一月律中黃鍾黃鍾者陽氣踵黃泉而出也十二月律中大呂大呂者無解戲有譌奪

正月律中泰簇泰簇者言萬物簇生也故曰泰簇二月律中夾鍾言陰陽相夾廁也三月律中姑洗姑洗者言萬物洗生四月律中中呂中呂者言萬物盡旅而西行也五月律中蕤賓蕤賓者言陰氣幼少故曰蕤痿陽不用事故曰賓六月律中林鍾林鍾者言萬物就死氣林注七月律中夷則夷則言陰氣之賊萬物也八月律中南呂南呂者言陽氣之旅入藏也九月律中無射無射者陰氣盛用事陽氣無餘也故曰無射漢書律歷志黃者中之色君之服也鍾者種也陽氣施種於黃泉孳萌萬物為六氣元也大呂呂旅也言陰大旅助黃鍾宣氣而牙物也太族族奏也言陽氣大奏地而達物也夾鍾

言陰夾助大族宣四方之氣而出種物也姑洗洗絜也言陽氣洗

物姑絜之也中呂言微陰始起未成著於其中旅助姑洗宣氣齊

物也蕤賓蕤繼也賓導也言陽始導陰氣使繼萬物也林

鐘林君也言陰氣受任助蕤賓君主種物使長大楙盛也夷則則

法也言陽氣正法度而使陰氣夷當傷之物也南呂南任也言陰

氣旅助夷則任成萬物也亡射射厭也言陽氣究物而使陰氣畢

剝落之終而復始亡厭已也應鐘言陰氣應亡射該臧萬物而

雜陽閡種也鄭注月令本周語淮南天文訓有鮮而高注頗采馬班

之說與本書不盡合且天文時則所訓亦略有字句小異處時則訓林鐘

乙酉

豐潤張氏澗

作百鍾

二十二日晴

答龍戶部

二十三日晴

晨起頗爽朗寄再同和詩

未刻張萬全來

二十四日晴

孫毓汶沈秉成價昌入譯署以錫出江蘇查辦差廖出江西試差也

答張令不值

武五子傳燕王旦使人祠葰水台水 晉灼曰地理志葰水在廣平南和台水在雁門師古曰葰音家台音怡

李廣爲上谷太守數與匈奴戰 上谷太守郝賢四從大將軍捕首虜千三百級封賢爲終利侯見霍去病傳 張敞祖父孺爲上谷太守河東平陽人見張敞傳 宣化府志均●載之而孺列李廣前 敞孺徙茂陵子福事武帝似在武帝時廣則在孝景時也 終利功臣表作衆利自注姑莫千一百戶五月壬辰封二年（元朔六年）元狩二年坐爲上谷太守入戍卒財物上計謾免 班氏敘傳長官至上谷守 杜周傳延年子緩爲上谷都尉 陽並北海人亦爲都尉（北海人未攷出）

兩粵傳故甌駱將左黄同斬西于王封爲下鄜侯 而功臣表下鄜侯左

將黃同以故甌駱左將斬西于王功侯七百戶以表則不應以左將兩字冠姓名上從傳則表又兩言左將無憑折衷

二十五日晴

張令來

得安圃書知兩粵水災甚大皆鮫患也伐鮫之政不舉以致水災氾濫不已大兵之後繼以大水民何以堪

二十六日晴

午後覃介臣來夜張沚蒓招飲書院

家人寄呂氏春秋來以校淮南甚快

經訓堂輯晉書地道記引水經注濡水下北平有鴻上關此中山之北平國非北平郡也載之北平郡誤

二十七日晴

得家書

二十八日夜大雨

寄家書並寄香濤前輩書

趙充國傳遷中郎將將屯上谷

二十九日晴

七月初一日晴

得趙菁衫太守書

得安圃書附載之及張酉山書

初二日晴

專足餽得安圃復書

閱邸抄御史吳峋以劾閣相指為奸邪編修梁鼎芬以劾李相

深文周內極其可殺誣謗大臣下部嚴議

過從永兩都護以奉文調回軍台衙門當差也永未見

幼官圖若因夜虛守靜人物人物則皇房注湟作皇暇解余謂

夜虛當依幼官圖作處虛此句當聯則帝則王則霸為一節

蓋管本有圖，圖中縱橫寫之書者依次第殺青致有此錯人物

或一或二乃圖中本圖有人物畫者附記闌入大字耳此唐圖方

中等字皆劉向寫書時附注而誤入本文者也此說極確當以質

之再同

初三日晴

得安圃廿七日書

過定靜村安將軍乃張口旅人

初四日晴

復安圃書寄再同書慰其殤子

初五日陰

定靜村來答識吳仁波先生（吳六遣戍子也）及外舅建尉公

初六日陰雨不成天燠熱異常

得合肥初二書

初七日晴熱甚

午飯時張沚蓴來　寄家書

復合肥書上都司調蒲河都司人便至津故附此函

初八日晴

午後呂子方秀才來名望端豐潤人乃趙菁衫之內弟也

寄汶趙青衫書

初九日晴　酷熱

朱存病枯坐悶甚

初十日晴

晨起得合肥書寄示海軍疏稿

十一日晴

午後族曾叔祖晭來得九弟書又得家書及子涵書

十二日晴

十三日晴

族叔祖用和歸寄九弟書並寄都僑家書

十四日晴

家書至左相准回籍俟病愈來京供職鄧鴻臚回籍省親給假兩月周盛傳卒周盛波授湖南提督

十五日陰

前漢諸（匈奴傳）左王將居東方直上谷以東接穢貉朝鮮右王將居西方直上郡以西接氐羌而單于庭直代雲中各有分地逐水草移徙匈奴往來者上谷以東終高祖世　文帝時屯飛狐口（師古注代郡之南道趙中）　武帝時衛青出上谷至龍城　元朔二年漢棄上谷之斗辟縣造陽地以予胡　其明

年[illegible]胡數萬騎入上谷殺數百人 單于驩喜上書願保塞上谷以

西至敦煌

王莽傳有上谷都尉陽並 又上谷儲夏自請願說瓜田儀莽以為中

郎

十六日晴 寄家書 內八弟及謝勖兩書

十七日晴

水經注洚水下載漢上谷長史侯相碑 云侯氏出自倉頡之後踰殷歷

國各以氏分或著楚魏或顯齊秦晉卿士芻即其裔也 可補宣

化府職官

十八日晴

十九日晴

晚龍松岑來

二十日晴

得家書並再周書

晚答得龍松岑松岑論韻學甚精其尊人翰臣先生講求韻學也

二十一日晴

晨赴王都司來買蒙古白馬余試之尚馴

張萬金餽蟹王都司致菜各系以詩

文章橫行蕩感餘山國以魚
地合幽致變聲證亦黿鼉
謬恭敘前天憶江岸
鮮蟹青簋詠縣斯既不
獨事蓋橙酒及尊行
肉食吾漸部述休理
蘆鷹大菘論作
價比肥重杜陵可憐
人前國窟萬荒奮
請廣哇瞑晚閒暇種

復合肥書 廿二號

張沚蒓大令餽蟹並畫扇

松岑送兩漢金石記百研盦殘草摹漢碑見示

金石錄云右居攝墳壇刻石二其一云上谷府卿墳壇其一曰祝其縣卿墳壇皆居攝二年三月造上谷郡府卿祝其縣名不知所謂府卿與縣卿爲何官蓋自王莽居攝官名日易故史家不能盡紀也其曰墳壇者古未有土木像故爲壇以祀之兩漢時皆如此

二十二日晴

二十三日陰

同王都司登雲泉寺

乙酉

寺碑洪武二十六年僧清月創㳄禪院曰雲泉寺天順丁丑僧淨行及里人張普重修正德壬申大同總兵江桓為守備及僧圓玉復拓之崇禎庚午王將軍者建聳翠亭為別一洞天有泒珠韻玉兩泉寺之命名以此（恭書於清丙戌在乾隆壬午兩碑文漶不全錄）今亭已圮王將軍者以志攷之當是萬全都指揮王懷仁至雜祀玉皇諸神則後人所附會者賜兒山本名紫泥山有古柳一株

晚龍松岑來論詩自言溯源山谷以及韓杜

二十四日晴

地理志上谷至遼東地廣民希數被胡寇　刑法志自黃帝有涿鹿

之戰以定天災鄭氏曰涿鹿在彭城南李奇曰黃帝與炎帝戰於阪泉
今言涿鹿地有二名文穎曰涿鹿在上谷今見有阪泉地黃帝祠師古曰
文說是也彭城者上谷北別有彭城非宋之彭城也
龍於岑贈其尊人所作古均通說及近人所刻詞林正均

二十五日晴
粹玉遣蘇福來得安圖書知粹病又增郭醫病無人下藥為之
焦悶
子我赴戍僑通海店往視之尚不餓、惟夢得有靚為之感歎
寄家書

二十六日晴

申來允暢如三伏塞上未嘗有也晚子嶽來飯暢話

二十七日晴

昨夕得合肥書作書復之

二十八日晴

遣朱存歸寄家書及再同子涵書

晚答龍松岑

二十九日陰

三十日晴

寄復章琴生書

八月初一日晴

聞鳩 龍松岑来

何子莪来 朱存至土木驛寄一書知安圃廿二日以截取知府

召見

初二日晴

悶甚策馬獨游城西南校武場 龍松琴以所著槐廬詩集見

示乃學山谷者 寄安圃書

初三日晴

欲訪子莪雨子莪來談甚洽

得家書及杭電六姊於七月二十四日下世為之慟哭

初四日晴忽雨一陣

聞甚玉都司来言永豐堡有泉可一游鮮煩策馬行五里有一巴達蘭布墓頗有松楊果木惜之哀傷淚下不止歸途遇雨

泉出臥雲山乾隆間業皮之賈建一龍泉寺以泉為洗皮之所清流滌〻垢〻水之功大矣

初五日晴

聞從秋皋有赴庫倫勘獄之命与子莪稍談

初六日晴

張沚蓴來午後得家書安圃無恙貧甚

穆春巖從囗將授以簡練旂兵之任云

夜石秀才來

初七日晴

石秀才來即錄宣化　午後子莪之姪專篙來

初八日晴

寄家書附載之書

薄莫同樂乘馬出南門至西門外果園則歲旱地枯木皆不

竇記庚辰与樂山游此李柰成林爲之悵然王都司請至通橋過橋

借野人種蒲桃架下稍坐摘蒲桃食之日夕始歸

張沚蒓送蠏以贈于蕺

朱存有稟來略志家事

初九日晴

于蕺來談

得安圃及樂山書　高陽署吏部侍郎

史記五帝本紀与炎帝戰于阪泉之野　集解服虔曰阪泉地名皇甫謐曰在上谷　正義括地志阪泉今名黃帝泉在

媯州懷戎縣東五十六里出五里至涿鹿東北与涿水合又有涿鹿故城在媯州東

南五十里本黃帝所都也晉太康地理志云涿鹿城東一里有阪泉上有黃帝

祠桉阪泉之野則與蚩尤戰于涿鹿之野集解服虔曰涿鹿山名在涿郡張晏曰涿鹿在上谷索隱或作濁
平野之地也
鹿古今字異耳按地理志上谷有涿鹿縣服虔云
在涿郡誤
合符釜山括地志釜山在嬀州懷戎縣北三里山上有
舜
廟
而邑于涿鹿之阿正義廣平曰阿涿鹿山名已見上涿鹿故城在山下即
黃帝所都之邑在山下平地
遷徙往來無常處以師兵為營衛太史公曰北過涿鹿正義涿鹿山在嬀州東南五十里山
賢及側有涿鹿城即黃帝堯舜之都

初十日晴午後微雨

寄家書

十一日晴夜急雨旋霽

昨作一文頌蝎午後過于義于義觀余近作以為律勝于古

律有章法古詩太生硬踈步馬至右營永福寺

十二日晴

待家書校管子

十三日晴

夜龍松岑來

十四日晴

過子義並答龍君以其前石幢事也

十五日晴

十六日陰夜雨

千艸堂石影

十七日晴

得琴生書 子義來 永署都統詔查辦庫倫事件

十八日晴

銘辭行 得家書及杭州宗載之海門八弟書 食不下咽

十九日晴

晨答銘送行 寄家書並八弟載之信

二十日晴

二十一日晴

同子義游元保山山之故有元嚴堡以此得名俗以元寶名之更甚愚

谿之辱矣晚龍松岑來

夜雨

二十二日晴

得合肥書十八入覲 過于義談

二十三日晴

得家書並邸抄 復合肥書寄家書

二十四日晴

寄八弟書由秉子晉 樂山書天津加封 家書 又作安姪書寄六姊祭文 明日寄

二十五日晴

同蘇福上雲泉山一游視前游一月矣　寄再同書寄之

二十六日晴

午後子義来登城一望　龍松岑欲来余遂信步詣之

二十七日晴

左相予謚文襄

復游蔬圃得家書

二十八日晴連日天氣甚暖

過子義

二十九日晴

昨夜耿耿不寐晨起作數百字天時甚燠夜讀筦子計在塞

已五鼓月矣

寄樂山書 由驛遞

者松風技乃道光廿八年所種与余同年也

綠石齋日記

九月初一日晴

天氣暄和土人言納禾者刹之入九月猶袷衣塞上所未有也策騎出南門行十里至昌隆寺寺有萬歷藏經殘本有一佛像乃明時一僧示寂不僵就漆為象者余曰此漆身為癘之流耳炫俗驚愚何足尚也踈已更鼓動矣 寺在石頭屯近八角臺山臺亦明時障堠也

初二日晴

得再同書 廿六

初三日晴

復得再同書

初四日陰夜小雨

寄濩再同書並八弟書

初五日雨

壽芝寄家書 午後得朱存稟

初六日陰晨大雨

初七日晴驟寒登城望雪

午後子莪来小坐即去

寄濩八弟及符曉蓉書

初八日陰

初九日晴

呂子莊秀才自都應試昧贈趙菁衫詩集已數日矣午後策

騎候之遇諸塗在齋中略話

初十日晴

過子羲略談得朱存書

十一日陰

寄家書王都司處人便也答呂子莊不值

十二日晴

得家書

十三日晴

朱存甫都門回得家書　張祉尊來　龍松岑來　以詩義折中及圭盦詩報之

十四日晴

十五日晴雨漸止夜月甚朗

寄家書　安粹治　醴楞　于義來　荅松岑

十六日晴

蘇福還都　昨得安書知時賢忌嫉方深當益韜晦以合反

身修德之指

十七日晴

策騎薄游過子巖

十八日晴

十九日晴

答得合肥書　寄樂山書　仲彭中南闈舉人

二十日晴

再同書来論廣均言黎庶昌近得日本元泰定本文欣不同用尚是唐人之舊張注同用已從禮部韻改鍾隸鉤刻明內府本注欣獨用不知鍾本即亭林先生所刻本否余於韻學茫然塞上藏書甚少以選詩放之劉公幹

贈徐幹則以勤與根羣君同用曹子建贈白馬王則以勤與神陳鄰親仁辛同用張茂先勵志則以勤殷與雲文同用應吉甫華林園則以欣與文雲芬同用顏延年呈從兄車騎車長沙則以殷與紛分雲聞芬文同用還至梁城則以勤殷與羣分雲文墳聞同用因之求諸詩則北門弟一章殷與貧艱同用庭燎弟二章晨煇旂同用旂與芹同用以斤得聲古當在欣均見鳧鷖弟五章則欣與熏芬同用求諸羣經則四體不勤五穀不分見於魯論求諸諸子則元牝之門是為天地之根緜緜若存用之不勤見於列子古音欣不從與文同用且與真魂山仙同用矣唐初文學稱盛其同用獨用必不能率爾分合若以古為準則文欣之當同用不當分用也至高岑王孟諸集

大雲寺贊公房以芹与巾身新人麟同用

文韻暨杜律從未参用欣韻古詩文韻通眞魂亦未入一首欣韻似可杜爲欣獨用之證然崔氏東山草堂一首芹与入新筍同用太白古風斤与鄰人眞神身論同用戲遇勤与濱春親人同用對雪餞任城六父眞韻亦間用勤字頗疑欣韻太少獨用不能成詩因文韻不必求助於欣故相傳以爲獨用耳

二十日晴

白香山詩以爲老嫗都解然亦字字有來歷也貧家嫁女晚嫁晚孝於姑富家嫁女早嫁早輕其夫尚書大傳曰孔子曰男三十而娶女二十而嫁通於織紝紡織之事黼黻文章之美不若是則上無以孝於舅姑而下無

以事大養于此上兩句所本也富家則張耳傳外黃富家女嫁傭奴其人是矣今人非以淺俗學白即反之自託於艱深此傳之陋也

臧氏琳經義雜記攷文帝始置博士引漢書楚元王傳劉歆移太常博士後漢翟酺傳趙岐孟子題辭以駁章懷注酺傳謂玉海藝文云文帝立博士本之孟子漢書余案史記儒林傳孝文帝本好刑名之學及至孝景不任儒者而竇太后又好黃老之術故博士具官待問未有進者此亦孝文時立博士之的證也

二十二日陰

復合肥書　得樂山書　得家書並戴士琴生書

二十三日晴

二十四日晴夜大風

二十五日晴

薄莫龍松岑来以其尊人事略見示

二十六日晴

得蘇福書知至金道萬興店一十七人受麪餅均遇砒毒店主人云乃仇人陷害而客則狼狽困頓矣事十八至廿日始能興至家猶疲乏急脹散毒之脹而脹隆紅瘇可歎也行路之難如此

二十七日晴

二十八日晴

至子崴處略談 周子玉寄百金辭之

寄家書 寄樂山書

二十九日晴

作莊子年表一卷 鑪炭初溫重簾不捲遂為煤氣所逼夜

略感寒熱

三十日晴

寫表初定又作莊子楚人說一篇 得安圃再同書再同以尊

于州堂石影

託張守晃贈 寫莊表及校定管子幼官一篇寄安圃再同

十月初一日晴

寄家書天氣甚和登城展眺

初二日陰

校管子 以十子本校江甯局本均非精刻也 都中是日遷繩匠胡同

初三日晴

復李漢春書 連日攷究雙聲疊韻午後讀潛研堂集並有悟

初四日晴天寒

午後子莪來談

吳斗南兩漢刊誤補遺以丹朱奡為兩人名用淫指兩人言之南宮适

言奡盪舟則罔水行舟是之奡在禹前故禹舉之以戒舜南宮适亦

先羿奡而後禹稷孫侍御念祖讀書脞錄謂論語奡盪舟自

孔安國注以澆為奡而集注因之實則澆之盪舟於經傳無據

也奡蓋別是一人亦斗南以論頗有理然以先羿奡而後禹

稷為次序亦先之疏然則羿善射奡盪舟何以羿先於奡乎或

以羿為堯時彈日之羿亦未必並堯時之羿未聞不得其死也

斗南以孟子逢蒙殺羿為堯時之羿不確余所說與斗南合

侍御改證傅博而此事徒以空言駁吳何其疏也既以羿為舜時之羿則羿自是堯時之羿羿帝嚳射官安見孟子所言定是有窮后羿乎殆不足以服斗南也

初五日晴

初六日晴

答龍松岑　得伯潛書　劉省三附千金並書來擬謝之而不受

初七日晴

寄家書附章琴生　柴復書　八弟書

午後過何子莪論韻學甚暢

初八日晴

晨起得樂山書由玉總兵交來作書復之　得家書子涵書

初九日晴

得幼圃書　得合肥書知琴生以知府用

越南為法所窘以兵禦法互有勝負聞道至滇求封大院君還國鄰

密結俄為援朝鮮王請我派兵都護思之悍然想

宵旰紆籌柄臣誠顧也

初十日晴

十一日晴

午後子莪來論七臣七主篇甚詳　夜龍松岑來言其鄉鄭獻甫著有愚一錄甚精　鄭字小谷象州人　寄安圃書

十二日晴

寄家書　附合肥書　琴生書　劉肖三書

書成而琴生書至頗有玉堂天上之感

迓秋皋都統由庫倫回

十三日晴

過都統並答張沚蒓

日知錄卷三十二今人謂石炭為墨　按水經注冰井臺井深十五丈藏

冰及石墨烏石墨可書又燃之難盡亦謂之石炭是知石炭石墨一物也有精麤爾　史記外戚世家竇少君爲其主入山作炭　後漢書黨錮傳夏馥入林慮山親突煙炭　北人凡入聲凡入聲皆轉爲平呼故書墨爲煤而俗竟作煤字非也

崔銑彰德志作煤玉篇廣韻並無煤字

十四日晴

過齋午後同王都司登雲泉山　先是汎珠泉上有亭名偉然亭乃明王將軍所建余屬王金榮復之力不及乃署之曰澹然亭用揚雄賦語也是日往觀之

十五日晴

午後過子蕤亦讀管子冥搜妙悟時足啓予

得家書　又得于幼棠書

十六日晴

寄家書

都中寄筍韮邀子蕤晚酌

十七日晴

得家書

十八日晴

寄湲陳伯潛書　安圃書

傍晚吳西白自陽高會鞫天鎮案便道見訪

十九日晴

呂子灌秀才贈百合秋梨

夜西白出城回天鎮

二十日晴

二十一日晴

得安圃書 再同書 載之書

過子戩雜談攜其所讀管子跋閱之其與余意同者錄入拙著有未能遽定者附錄於此

猨猱三伢喻人各有能以明人不可矜專　獨王作獨主　此說可采

此三於山論十六伢見水五字　十分去一設四則去二三則去三二則去四三尺而見

水　一尺句乃劉說　戰之自勝　勝作敗　得地而不能實　實作守　謀十官　十作于　七法

八分作符節　計爾無法　箕籍是屠匡工　今之史四經五　与余說同　紀六即六柬　棧七即七法　存疑

計緩急之事　千字　計下有　以必明必句為四棧　与余不合　存疑　以上幼官　五輔曰實曠虛以

下苟是一篇　不失　作不失　失陳也　此說勝王　生而不死者二　注二者愛樂　此篇今作

節　人主　國有　生而　為善　主王　凡國　愛人　先王　餘日　時者

先王　人之敗　凡萬　得之　一日　先王　賢矣　敗已　賊國　天以　眾人

凡國　命屬　眾勝　人主　凡人　先王　日益　眾人　去愛丹二句　与王異

人主 明賞 天道 奎數 先王 此全不謂其而可 封之甚堅 八觀第一節 許為解

萬家上下互易 法禁自君之置其儀正 正律而自正矣 未之 聖王既沒 正 國

之危也 亦去之 老錄之正 與余大指合 則生之與養 私不死 改作賊生以私養死生 與余合 蘇作桓解

二十二日 晴

二十三日 晴 復再同書

二十四日 晴

二十五日 晴

子戩來談

二十六日 晴

寄復載之書 寄合肥書 昨夜得詩三首 一寄琴生 一寄再同

謝張字專記 一奉寰潤民師入覲

薄暮得家書 寄管子兩部 一方望溪刪定本 一士礼居宋本

仍是局刻

二十七日 晴

復安圃書 日來天勢漸寒 張沚蒓來 借俞蔭甫諸子平議

二十八日 晴

校管子三篇

二十九日 晴

過子莪

十一月初一日晴

得安圃書　附小弟書　九弟至都

初二日晴

復安圃書　答龍松琴

初三日晴

淮南說林訓的的者獲提提者射高訓提提為安王氏謂提乃題字說文題也俞蔭甫以為湜湜字王說以下文太白若辱大德若不足故行迴就之俞以為湜湜則眹字不可通矣毛詩弁彼鸒斯歸飛提提傳提提

龍論河論皆均依
牆傍辟

犀顱正是淮南之株株者射犀則為衆所見矣似不必改字也

初四日晴

初五日晴

起甚早　午後安圃書来　龍樹琴過談於詩不滿漁洋而頗許袁子才厲樊榭復論黃河形勢　夜得合肥書

初六日晴

合肥十月二十七日書言緬甸全為英踞束手無策　魏默生聖武記載師範滇繫入緬路程甚詳當乾隆盛時傅文忠阿文成以中原全力八旗重臣攻緬無效今朝重信義將帥無人又際南越休兵之後宜不暇從

事緬甸頑滇邊騰越通英保滕通法五金之廿又使彼族無誕危哉岷

乎朝鮮外藩釣俄雷之催一車進駐東邊以張軍勢袁世凱至

漢城估其國政頑無益也

昌黎讀皇甫湜公安園池詩東雅本持摭蕢懷行穢豈有臧雖臚

列各本之異而闕字不補方扶南本所之按攷異引劉貢父云持摭蕢

壤間則（作間者乃）此本善本也此詩實不佳尊韓者所當知

初七日晴

家書來　潤師初四日（廿九）到京初二日請安

嚴範孫吉士書來論刻此學海堂課藝並告子通欲集

賫為余納罰鍰赦贖琴生書來洪琴西遣其姪九至津欲訪余塞上琴生止之余亟書並止琴生琴約其明春同來

通子載

初八日晴

作家書

讀漢書蓋寬饒傳執金吾議以寬饒指意欲求禮大逆不道百官表神爵二年南陽太守賢為執金吾班氏不著其姓氏殆失癉惡之情蓋居剛直爲節殆違明哲之義而班以為深刻喜陷害人似亦周内

初九日晴

初十日晴夜雪

瀾師專人來並要圖再同書再同有戴子高校筦子不見假

此乃新書何緘祕如此

子萩及呂子莊來

作復書與瀾師交戚弁入都

十一日晴午後陰

登城望雪

十二日陰

十三日晴

連日天時漸寒非鑪不煖墨凍茶冰此大略似都下特夜風撼窗櫺使人卧不能貼耳

管子童句初稿成

十四日晴 樂山書來寄石花冰盆四尾並告月之初八交卸撫篆

天甚和和倣坡詩二首過子箴談甚暢

十五日晴

十六日晴 借子涵諸子平議之管子八卷手録之已竟

臧弁回得安圃及潤師復書並寄鐵網珊瑚一部

是日冬至

十七日雪

覆安圃書　子涵書　和東坡詩　候柳門書

張子騰侍郎卒子騰與余赴居注共作總辦半年

十八日晴

雪後殊晴暄注箋予三事讀文選十餘頁

秦伯猶用孟明相傳以為美談黃東發獨謂孟明不知鄭之不當襲

又師出而輕雖王孫滿尚幼猶知其必敗雖再敗之餘鼓勇捄舟不

遇晉不與爭而已豈嘗有功于秦者哉秦之能霸以穆公之賢而

秦國强耳世乃以其焚舟之勇傳誦為美談不知秦晉報復

暴兵千里更四君而不休皆孟明啓之外誤其君內違其父不才

孰甚耶 黃氏此論自有為而發若論孟明則畧前襲鄭之（孟明一見犒師即知鄭之有備國）

後敵之者杞子尊貪之者穆公觀其蹇叔之哭陳知孟明亦心不（如蹇叔老成强諫不入）

謂然但既為將帥似無怯敵之理使非弦高犒師先發距險

亦未必遷 如王孫之言至其超乘無禮或年少氣充紀律不精（或千里襲人疾行趨利致犯兵家之忌）

及其焚舟立功則雪恥復仇績效已著此與荀林父之滅潞子大（國可蓋其前愆）諸

略相似蓋公之出散關大略相似 實積可責人無已耶至秦晉（何果拔之）

乙酉

六十

豐潤張氏澗

先軫之不報秦施而伐其師本出意外其後趙盾置君如舉棋搆兵四世不休則肇於此矣雖云忽迎忽距更與孟明何涉宋人論事大氐如此固非余之私孟明以自解也

十九日晴

黃氏日抄論介推特澹泊而潔激之人出無共濟艱難之謀即不去亦豈若趙衰舅犯輩能佐其君以興晉介推事紀載不一姑以左氏傳論之其言甚高其志甚斷然見才之不逮狐趙者使果無是取晉重亦豈肯引過推善哉東發苛及介山可謂非矣

二十日晴

得西白書西白將遣人入都繞道過此以一函寄安圃

午後子峩来談張沚蒓来邵之夜松琴来

琴生寄廣韻（澤存堂本所據宋本　元泰定本）杜詩（草堂）麻沙　袁子久寄狐裘一襲均託王楓丞送来

松琴以其尊人画稿索題

寄滇樂山書

二十日晴

約松琴同過沚蒓呂秀才在坐

作致琴生書

二十一日晴

薄暮沚蓀來

二十三日晴

天時漸寒午後過子山略坐

夜作致洪琴西汪仲伊書並疊前韻寄琴生

二十四日晴

得十六十九兩日家書知粹玉十六又犯肝風舊證十八略愈潤師改十九日請。訓閱甚

過松琴略話

二十五日陰午後晴

閱周禮注疏。以證管子兼可攷禮

天官瘍醫以五氣養之鄭注五氣當為五穀字之誤也余謂氣字

不誤此康成不知醫故誤改耳段氏周禮漢讀攷王氏經義述聞均無說

校刻元泰定本廣韻即顧亭林所刻之本為朱竹垞所譏者

二十六日晴

南齊書王儉傳上使陸澄誦孝經自仲尼居而起儉曰澄所謂博而

寡要臣請誦之乃誦君子之事上章上曰善張子布更覺非奇

也此明襲其志可謂瑣纖離

柳世隆字彥緒著龜經秘要二卷攷舊唐書經籍志龜經三卷柳彥

詢撰又一卷劉寶真撰又一卷王宏禮撰又一卷蔣道名撰又一卷孫思邈撰本言柳世隆之三卷豈其書至唐已佚耶柳彥詢即彥緒也行篋無隋書佚詳攷

廿七日晴有風

寄安圃書高陽由閣學遷侍郎

張融有序夫文豈有常體但以有體為常政當使常有其體丈夫當刪詩書制禮樂何至因循寄人籬下　融自名集為玉海曰徒褚淵問玉海名融答玉以比德海崇上善玉海之名甚佳惜為王伯厚所掩

二十八日晴

午後一無所營 夜微醺睡甚早 寄安圃書配王氏雜志

得琴生書並和詩

二十九日晴

午後何子莪来 夜合肥書至並仲彭闈卷兩本

三十日晴

寄安圃書附載之書王都司處有人回津附復合肥及琴生信

十二月初一日晴

得家書知粹玉病未愈瀏師已於十一月二十八日赴豫矣

同巷有新修三星廟姑往一游並登城縱目以遣悶衷

任彥昇彈劉整前所敘劉寅妻范及海蛤辭列稱云云下注昭明刪此文

大略故詳引之使與彈相應也則此段乃善所引非文選原文故但何何

是入昭明所存之略何乃爲崇賢所引之書不可解矣

初二日晴

寄家書並子涵書

初三日晴

薄莫過子莪

初四日晴

得家書安圃轉〻戶科 作書復之

闇恩大拜張子青福箴亭得協揆額調管兵部崇調吏部福調〻戶部翁調〻戶部潘補工部麟補工部

初五日晴

馬宗槤左氏補注甚精昭十年樂施高彊來奔上云敗諸鹿門引臧紇斬鹿門之關以出奔邾為證疑鹿門為魯關名非是上戰于稷引桓公微服而行於民間有鹿門稷者行年七十而無妻此鹿門乃齊地之確證下乃云稷門為齊城門之證疑刊本有誤

後漢呂強傳引穀梁傳財盡則怨力盡則懟

初六日晴

昨日傍晚王都司送馬来試騎

初七日晴

晨得安圃初四日書粹玉病漸痊八弟有書質民頗来

皞民有書再同有書　適有人便復謝質民

初八日晴

得家書内附倉兒稟讀書漸有進境可慰

午後子莪来小坐言史遷以腐刑故每論事斤斤於恩怨致讀史

于艸堂石影

者相習成風大為世俗之累余謂存此說以風世可也莊子威在閩居能作此語殊可敬也

周玉山觀察自津寄箭牆荔支龍井茶余與玉山無深交而玉山以余在譯署措置與其夙論合故患難中禮意彌篤紀之以見古誼

初九日大雪午後霽

得家書寄百金來

初十日晴

復都中書　校管子幼官篇

十一日晴

午後松琴來

十二日晴

十三日晴

過子箴

十四日晴寒有風

夜得樂山書即復之

十五日雪

十六日晴

過鄰家李氏聞有閑房出賃也

得家書

十七日晴

答松琴談不甚暢而返

十八日晴

十九日晴

夜石生来

二十日微陰

至合誠店答石生夜邀之飲

二十一日晴

過子莪

二十二日晴

定敵村致看核不欲受之再辭而去午後過之一談

定云盛京兵弱而驕吉林兵悍而驕黑龍江兵愚而驕言亦似諺

穆春巖余不置一詞

二十三日晴

又過子莪　夜有偷兒入室已取衣物置之穴際矣復以犬入余

書室冀得金帛故籍縱橫非所好也余睡未熟見火光笑曰欲

讀書乎大鬻遁去並衣物不取乃知貪得無厭者並不可以作賊也

二十四日晴

宣鎮王楓臣送禮八種受其橘十枚蘋婆果八枚戴大令作樺送

二十五日晴

米兩石煤千斤豬一片酒一壜奎麟受之並將軍之送橘筒家寄冰糖山查棗肉人病中尚復瑣屑料量乃知成人賴有室家然無遷謫之感

晚千琭得合肥復書並琴生仲伊復書

今日風大甚寒

二十六日晴

寄家書　石秀才送雉兔魚鴨

二十七日晴

晚過松琴

漱蘭請閩令肥海軍差使趣曾紀澤遄踈陳師

旨以吏張亂政交部議

二十八日晴

子戢來

二十九日晴

陳伯平自大同寄百金來並欲自為昏姻作書詩復之

夜龍松琴來

除夕晴夜徹會

兩日來稍有咳嗽

京相璠著春秋土地名 元和姓纂云晉有京相璠著春秋土地記三卷 東濟南

光緒十二年丙戌正月朔 黃[illegible]先生在城南戌所讀孫子兵法

是日天陰 午後晴 過何子峩縱談至暮而歸

初二日晴有風

檢比書籍

初三日晴

午後龍松琴來 晚呂子莊來失館求爲援手

初四日晴

答龍呂

初五日晴頗有春意

子戢來

初六日晴

初七日晴微寒

過子戢見邸報激蘭降調廖壽恒補兵部右侍郎榮禄以報劾槍支銀兩開復降二級處分

初八日晴

作家書 八弟復激蘭書

初九日晴

袁福田回京王都司覓一庖人代之

張今來晚松琴來

初十日晴

得奎樂山書又得家書知粹病略瘉

十一日晴

作寄合肥及琴生書交王都司

十二日晴

王都司來又赴津　得家書　得合肥書

十三日晴

晨起又得合肥書　午後定靜村來

十四日晴

十五日晴

十六日晴

十七日晴

十八日晴

子尊召飲

十九日晴

復合肥書

二十日晴

二十一日晴

于蕺來談

二十二日晴

二十三日晴

二十四日晴

待樂山書近得一子正月初一日生爲之狂喜作書賀之

二十五日晴

待遇于蕺

二十六日晴

得合肥書

二十七日晴

孫太守詩公風雨雁中五字

子蕺未談

二十八日晴

二十九日晴

子蕺未談方銘山來書贈余長歌卻之

三十日晴

得家書

二月初一日晴

寄家書內有八弟一書 周子玉一書 得琴生書

過子嶽復鉛山書

初二日晴午後陰夜大雪

聞洪琴西將遣其子來視余。屬僕輩絜西笠待之

初三日晴

初四日晴

得家書 過松琴

樂山到京

初五日晴

松琴來談許借吳山尊所刻管晏合編、山尊所注乃晏子合編也 未將經來借

初六日晴午後微雪

多倫協副將譚興魁來

初七日晴

得安圃書

復合肥並附寄省三書

初八日晴

袁樂自都中歸　李高陽知貢舉

初九日晴

寄家書 二李相書

初十日晴

過于莪略談

十一日晴雪

西爾甫成是日適雪因彷坡老黃州意名之曰西雪堂。取此即去館一時西南山堂更有西南内句

十二日晴

十三日晴

邀于莪小酌談甚暢

十四日晴

十五日晴

子莪來談

從祺擢理藩院尚書托倫布授察哈爾都統 字子明

十六日晴

得安圃書知內人病甚劇

聞鐵香患瘴甚危復以本任勘盼下部嚴議過子莪略談悶甚

十七日晴

遣朱存入都問疾亦無聊之下策耳

十八日晴　秀才李秀瀛求助以行資贈之四兩

十九日晴

二十日晴

得安圖書言稺甚劇

二十一日晴

過子穀

二十二日晴

得安圖書知稺病延陳荊門甚效作書謝之　晚朱杏蘇

二十三日晴

復合肥高陽書專足入都

二十四日晴

賀從秩夆〔峯〕子嵗相值午後子嵗來張仝又至

二十五日晴

過子嵗

二十六日晴

安圃書來言子嵗我族入鏤成歸事午過子嵗作書以安圃

二十七日陰有風

二十八日晴

二十九日晴

三月初一日晴

初二日晴

初三日晴

午後宿榆林

初四日宣化鎮雞鳴宿朱存先馳

初五日沙城鎮懷來宿

初六日至室道夜朱存歸

初七日

丙戌

七

豐潤張氏澗

初八日復遣朱存入都

初九日得書繼婦于初八日病故

初十日公驗出關一談

十一日宿沙城　十二日宿宣化　十三日陰　子箴來

十四日子箴來

十五日子箴來

十六日雨

十七日褚福來

十八日得再同專信知廿二日殯廣惠寺

十九日晴

二十日晴。外雪故甚寒

廿一日晴

查觀察順來

廿二日晴

漢有北平太守畢騎河間人、毋終子嘉父翟國居此因氏焉、西方、北平、前燕慕容廆以西方武為股肱、又西方固以文章知名、采、黃帝封其子于右北平采亭因氏焉、北平、漢度遼將軍采皓、見英賢傳、晉東莞太守采耿、至隋遊陽郡主簿采猿、狀云耿之

後世生宣明、公敏宣明給事中刑部侍郎生懷敬、之吏部郎中宗正少卿、生庭芝、蘭芝、公敏黃門侍郎、生泰眷、右金吾將軍相州刺史、

漢左。當是右之誤 北平太守賊瓊 風俗通

張 黃帝第五子青陽生揮 為弓正觀弧星始制弓矢主祀弧星

同姓張氏 祕笈新書 師子 世本鄭有師子濮漢有北平太守師子將

後魏道武時有北平王長孫嵩 無忌之先

後魏北平太守曾孫頡[illegible] 敬損 平陽人

廿三日晴

廿四日晴

廿五日晴

廿六日晴

廿七日晴

廿八日晴

兩兒自京起程

廿九日雨旋霽

遣武明勝迓兩兒

三十日晴

祭義故禮之教化也微其止邪也於未形使人日徙善遠罪而不自知也

是以先王隆之也易曰君子慎始差若毫釐繆以千里此之謂也

四月初一日晴大風

初二日晴

兩兒至塞上

初三日晴

昨寄再同書遣其僕函其回

初四日晴

過都統

爲兒輩開館

初五日晴

初六日晴

初七日大雨

初八日晴

初九日晴

初十日晴　崔卅田景洲

十一日晴

張公昨日來

何休有論語注已佚劉逢祿論語述何率多杜撰雜捡公羊解詁凡引

論語者錄之

躬自厚而薄責於人　隱二年紀履綸來逆女傳注內逆女常書外逆女但疾始不常書者明當先自正躬自厚而薄責于人故略外也

俞蔭甫已輯為一卷聞有遺漏已呈于俞慕之工本以輯矣

十二日晴

得吳清卿副憲書時赴琿春勘界

周禮條狼氏掌執鞭以趨辟。鄭注趨而辟行人若今卒辟車之為也

孔子曰富而可求也。雖執鞭之士。吾亦為之。言士之賤也。

樂師令相鄭注令視瞭扶工鄭司農云告當相瞽師者言當詔也瞽

師盲者皆有相道之者故師冕見及階曰階也及席曰席也皆坐曰某

在斯某在斯曰相師之道與

太師教六詩曰風曰賦曰比曰興曰雅曰頌注鄭司農云古而自有風雅頌之名

故延陵季子觀樂於魯時延陵季子觀樂於魯時孔子尚幼未定詩書

而因為之歌邶鄘衛曰是其衛風乎又為之歌小雅大雅又為之歌頌論語曰

吾自衛反魯然後樂正雅頌各得其所時禮樂自諸侯出頗有謬亂不正

孔子正之

大司馬中春教振旅以旗致民平列陳如戰之陳注兵者守國之備孔子曰以不

教民戰是謂棄之兵者凶事不可空設因蒐狩而習之凡師出曰治兵入曰振

旅皆習戰也四時各教民以其一焉

士師下大夫注士察也主察獄訟之事者鄭司農說以論語曰柳下惠為士師

匠人九夫為井至謂之澮注滕文公問為國孟子曰夏后氏五十而貢殷人七十而助

周人百畝而徹其實皆什一徹者徹也助者藉也龍子曰治地莫善於助

莫不善於貢貢者校數歲之中以為常文公又問井田孟子曰請野九一而助

國中什一使自賦卿以下必有圭田圭田五十畝餘夫二十五畝死徙無出鄉鄉

田同井出入相友守望相助疾病相扶持則百姓親睦方里而井井九百畝其

中為公田由此觀之雖周亦助也魯哀公問於有若曰年饑用不足如之何其有

若對徹也春日盍徹乎欲曰二吾猶不足如之何其徹也春秋宣十五年秋初稅

畝傳曰非禮也穀出不過藉以豐財也此數者世人謂之錯而疑焉以載
師職及司馬法論之周制畿內用夏之貢法稅夫無公田以詩春秋論語孟
子論之周制邦國用殷之助法制公田不稅夫
小司寇二曰議故之辟注故謂舊知也鄭司農云故舊不遺則民不偷
鄉士士師受中注受中謂受獄訟之成也鄭司農云士師受中若今二千
石受其獄也中者刑罰之中也故論語曰刑罰不中則民無所措手足
鄉士肆之三日注鄭司農曰肆之三日故春秋傳曰三日棄疾請尸論語曰肆
諸市朝 賈疏引憲問篇注云大夫於朝士於市公伯寮是士止應曰云
肆諸市連言朝耳

司厲其奴男子入于罪隸女子入于舂槀注鄭司農云謂坐為盜賊而為奴者輸於罪隸舂人槀人之官也由是觀之今之為奴婢古之罪人也故書曰予則奴戮汝論語曰箕子為之奴罪隸之奴也

太祝六曰誄注或曰誄論語所謂誄曰禱爾于上下神祇

隸僕掌五寢之埽除糞洒之事注氾埽曰埽埽席前曰拚洒灑也鄭司農云洒當為灑今謂論語曰子夏之門人當洒埽應對

鮑人雖敝不甐注甐故書或作鄰鄭司農云鄰讀為磨而不磷之磷

凡畫繢之事後素功注鄭素白采也後布之謂其易漬汙也不言繢之以絲也鄭司農說以論語繢事後素

乃立天官冢宰使帥其屬而掌邦治注鄭司農云邦治謂揔六官之職
也故太宰職曰掌建邦之六典以佐王治邦國六官皆揔屬於冢宰故論語
曰君薨百官揔己以聽於冢宰言冢宰於百官無所不主爾雅曰冢大也
冢宰太宰也
二曰敬故注敬故不慢舊也晏平仲久而敬之
大司徒諸公之地封疆方五百里其食者半注鄭司農云其食者半公所食
者租稅得其半耳其半皆附庸小國也屬天子參之一者亦然故魯頌曰
錫之山川土田附庸奄有龜蒙遂荒大東至于海邦論語曰季氏將伐顓臾
孔子曰先王以為東蒙主且在邦域之中是社稷之臣此非七十里所能容然

則方五百里四百里合於魯頌論語之言

鄭氏曰至德以為道本鄭注至德中和之德覆燾持載含容者也孔子曰

中庸之為德其至矣乎

州長各掌其州之教治注鄭司農云二千五百家為州論語曰雖州里行乎

哉春秋傳鄉取一人焉以歸謂之夏州

黨正各掌其黨之政令教治鄭司農云五百家為黨論語曰孔子於鄉

黨又曰闕黨童子

小宗伯大烖及執事禱祠于上下神示鄭注求福曰禱得求曰祠讄曰禱

爾于上下神祇

十三日微雨

得王雲舫書

曲禮不妄說人注為近佞媚也君子說之不以其道則不說也

不辭費注為傷信君子先行其言而後從之

不苟訾不苟笑注人之性不欲見毀訾不欲見笑君子樂然後笑

請益則起注益謂受說不了欲師更明說之子路問政子曰先之勞之請

益曰無倦

故君子戒慎不失色於人注色厲而內荏貌恭心狠非情者也

國君撫式大夫下之大夫撫式士下之注撫式小俛崇敬也乘車必正立

曲禮下 侍於君子不顧望而對非禮也注禮尚謙也不顧望若子路率爾而

對

袗絺綌不入公門注袗單也孔子曰當暑袗絺綌必表而出之為其形褻

檀弓 叔孫武叔之母死注武叔公子牙之六世孫名州仇毀公子者

檀弓下 弔於人是日不樂注君子哀樂不同日 子於是日哭則不歌

悼公之喪帥章注存時不盡忠喪又不盡禮非也孔子曰喪事不敢不勉

子張問曰書云高宗三年不言言乃讙有諸 注時人君無行三年之喪禮者問有此似怪之也讙喜悅也言乃喜

悅則民臣望其言久 仲尼曰胡為其不然也古者天子崩王世子聽於冢宰三年 冢宰天官卿

貳王事者三年之

喪使之聽朝

殷人作誓而民始畔周人作會而民始疑注盟誓所以結衆以信其後外恃衆而信不由中則民畔疑之孔子曰其身正不令而行其身不正雖令不從

禮運大夫具官祭器皆〔不〕假聲樂皆具非禮也是謂亂國注臣之奢富擬於國君敗亂之道〔國〕也孔子謂管仲官事不攝焉得儉

郊特牲鄉人禓禓强鬼也謂時儺索室毆疫逐强鬼也禓或為獻或為儺孔子朝服立于阼存室神也神依人也

黃衣黃冠而祭息田夫也注祭謂既蜡臘先祖五祀也於是勞農以休息之論語曰黃衣狐裘

玉藻振絺綌不入公門表裘不入公門注振讀為袗袗禪也表裘外衣也二者

形且褻皆當表之乃出

麛裘青豻褎絞衣以裼之注豻胡犬也絞蒼黃之色也孔子曰素衣麛裘

羔裘豹飾緇衣以裼之注飾猶褎也孔子曰緇衣羔裘

狐裘黃衣以裼之注黃衣大蜡時臘先祖之服也孔子曰黃衣狐裘

子游曰參分帶下紳居二焉紳韠結三齊注紳帶之垂者也言其屈而重也

論語曰子張書諸紳

少儀不道舊故注言知識之過失損友也孔子曰故舊不遺則民不偷

其未有燭而有後至者則以在者告道瞽亦然注為其不見意欲知之

也師冕見及階子曰階也及席子曰席也皆坐子告之曰某在斯某在斯

學記時觀而弗語存其心也注使之悱悱憤憤然後啓發也
君子曰大德不官大道不器大信不約大時不齊察於此四者可以有志於學
矣注本立而道生言以學為本則其德於民無不化於俗無不成
樂記禮樂之情同故明王以相沿也注沿猶因述也孔子曰殷因於夏禮所損
益可知也周因於殷禮所損益可知也
干戚之舞非備樂也注樂以文德為備若咸池者孔子曰韶盡美矣又
盡善也謂武盡美矣未盡善也
（喪服大記）袍必有表不禪衣必有裳謂之一稱注袍褻衣必有以表之乃成稱也雜記
曰子羔之襲繭衣裳與稅衣纁袡為一是也論語曰當暑袗絺綌必表

而田之亦為其褻也

祭義子之言祭濟々漆々然注漆々讀如㓨反切々

仲尼燕居子曰給奪慈仁注奪猶亂也巧言令色之人似慈仁而實鮮仁

師也過而商也不及注過與不及言敏鈍不同俱違禮也

坊記

孔子閒居論語曰三年無改於父之道可謂孝矣注不以己善駁親之過

微諫不倦注微諫不倦者子於父母尚和順不用鄙々論語曰事父母幾諫見志不從又敬不違內則曰父母有過下氣怡色柔聲以諫々若不入起敬起孝說則復諫此所謂不倦

詩云采葑采菲無以下體德音莫違及爾同死注此詩故親今疏者言人之交

當如采葑采菲取一善而已君子不求備於人能如此則德之美音不離

令名哉顏與女同死矣論語曰故舊無大故則不棄也

子曰好德如好色注此句似不足論語曰未見好德如好色疾時人厚於色之甚而薄於德也

中庸子曰中庸其至矣乎民鮮能久矣注鮮罕也言中庸為道至美顧人罕能久行

正己而不求於人則無怨上不怨天下不尤人注無怨人無怨之者也論語曰君子求諸己小人求諸人

君子之所謂義者貴賤皆有事於天下注言無事而居位食祿是不

丙戌

義而富且貴

緇衣孔子曰南人有言曰人而無恆不可以為卜筮注恆常也

易曰不恆其德或承之羞注羞猶辱也

三年問孔子曰子生三年然後免於父母之懷夫三年之喪天下之達喪也注達

謂自天子至於庶人

大學與其有聚斂之臣寧有盜臣注國家利義不利財盜臣損財耳聚斂之臣

乃損義論語曰季氏富於周公而求也為之聚斂非吾徒也小子鳴鼓而攻之可也

射義孔子曰君子無所爭必也射乎揖讓而升下而飲其爭也君子注必也射乎

言君子至於射則有爭也下降也飲射爵者亦揖讓而升降勝者袒決遂

執張弓不勝者襲說決拾卻左手右加弛弓於其上而升飲君子恥之是以

射則爭中

喪服四制祥之日鼓素琴注鼓素琴始存樂也三年不為樂樂必崩

十四日晴

得鶴巢書

十五日雨

十六日雨

十七日晴

往見托子明

十八日晴　杜來答

十九日晴

二十日晴　祥仁趾來　烏城參贊

二十一日晴

注
連日著管子臆言

二十二日晴　九弟來

二十三日晴　二十四日晴

二十五日晴 午後大雨

九弟東歸 是日琴生至宣乃九弟晤

二十六日晴

琴生來邀不果往

二十七日晴

張令來 得安姪書並銀二百兩 合肥賻款

二十八日晴

二十九日晴

祥仁世來辭 視答之

五月初一日晴

桂齋夢石盧洪翰香大令朱九香趙采臣兩孝廉在坐

初二日晴

初三日晴

還塞上

初四日晴

初五日晴

初六日晴

寄都下書 復詒公一書

十三日晴

翰香来

十四日陰

張全来

十五日晴

同翰香至宣化

二十日晴

由宣化歸

二十一日晴 至三十日晴 廿七廿八雨淶

六月初一日晴

薄暮過何子莪略話

初二日晴

初三日雨　香濤遣芮祥來

初四日雨

初五日晴

初六日晴　芮祥睞及香濤書以栀花肉摩姑寄粮

初七日晴

初八日晴

初九日晴 初十日晴

十一日晴

得安圃書 知倪泰病危

十二日晴

達蘇福錄

寄合肥書 附吳清卿和詩

十三日晴

十四日大雨雹

十五日雷雨

得琴生復書

二十日晴

琴生之子頌氏甘蒲來住三日廿三日去

二十四日大雨

自廿四至廿九雨多晴少

東郭、齊公族、桓公之後也。齊大夫偃東郭書、見左傳、又大陸子方號東郭賈

齊人莊子有東郭子魏文侯時東郭子惠見說苑

蚩尤之後、以國為姓。 齊季、 齊襄公子季毋楚因氏焉、

常、云黃帝常先後。書 祕笈新書引 齊有侍人管仲誅之、 齊有豎刀子孫氏

焉 管、文王子叔鮮封于管、因氏焉。管夷吾字敬仲、仕齊、又管至父、又藍有

管、少卿、 鮑、姒姓、夏禹之後、有鮑叔仕齊、食采於鮑、因氏焉、

晏、左傳晏桓子、名弱、齊公族、生嬰、字平仲、 任公顛之後、或作於齊於晏

甯、衛康叔之後、至武公生季亹、食采於甯、齊有甯戚

姜姓、炎帝之後 封鉅為黃帝師、胙土命氏

出塞日記　丙戌

七月初一日晴

初二日晴

子箴来談

初三日晴

午後琴生同年自宣化来留宿草堂

得汪仲伊書並寄所著逸禮兩卷洪翰香書寄蘖洲集一冊

与琴生夜談竟夕不能成寐

初四日晴

晚邀子莪琴生小酌

初五日晴

琴生回宣

懷安岳烘乃雲石先生倫之後特其先世奏稿詩文稿求余一閱烘兄弟三人長燈次燁烘其季也人甚勤樸務農守分雲石之澤長矣集凡奏稿一卷詩稿二卷文稿一卷

倫以行人司右司副疏劾張璁桂萼大略謂璁萼立黨亂政移易人心特入有持權方二載暗換一朝人之謠奉旨張璁著回家省改以圖後用桂萼著革去散官著以尚書致仕去吏部會同都

察院分別當與奏來覆治岳倫既見如此何不早言著法司提了問
王準也著法司提了問該衙門知道旋謫齊東縣主簿按明史
稿張璁桂萼傳但載孫應奎王準陸粲論劾不及岳倫陸粲孫應奎傳僅及粲準
傳附及劉希簡王準亦不書倫事似太疏漏
倫在齊東二年擢曲沃縣知縣嘉靖十二年十月大同軍變戕害主將
具疏議征討大計旋丁父憂服闋補工部主事升員外郎郎中十八
年上幸承天倫首具疏乞留奉旨朕茲行非慢遊無事此又非聰
人引誘岳倫這廝好生恣肆悖惡著錦衣衛拏送鎮撫司打著
問了來說該衙門知道倫下獄二百餘日上回京革職旋以杖傷卒

致明史稿王廷相傳帝將幸承天廷相與諸大臣諫不納遂從還以九年滿加太子太保本集其子岳魯請卹揭謂倫疏入次日王廷相亦去疏由日之間九卿科道各先後具疏諸臣皆宥而倫以論璁萼疏當及夏言以揭救廬胄忤郭勛上揭末以排嚴嵩屬託商人忤嵩故遂久繫請室卒以杖傷死言等譖倫首倡浮議搖惑人心乃謫名奸巧之徒隆慶中卹贈太常寺少卿史稿於王廷相傳亦遺之 明時票旨陋劣以其為一故實抹武故特存之

初六日晴

家忌

初七日晴

過于崴略談
袁爽秋寄寰一律交松岑見示
初八日晴
王楓臣總兵見訪時多倫有馬賊行劫
初九日晴 午後大雨旋霽
韓秀才恩銖午飲餞之
初十日晴未刻急雨驚雷夜大雷雨
韓秀才歸遣褚福送之寄安圖再同書
定靜村送鮮菇一合 晚得九弟書

自課西兒窗外有野藤一本垂蔓作花詰于紅綠相間致可愛也因名之曰靈藤陰館余作小記而命蒼兒作一詩以綠藤陰下餉歌俯命陳兒對之陳兒應聲曰紅杏花前賜繡衣亦頗興會

藤陰館記

詩云南有樛木葛藟纍之又曰蔦與女蘿施于松柏藤之為性每緣木而始生雖附于松柏之中其不能卓然自立也明矣及其為用也輸載杖之策或蘗之子或羹之雖亞以扶衰長養氣為功亦至微細耳塞上山童土惡草木不生余居又僻酒力不能致掘井引水以灌蔬蒔藥明庭蕭然面壁而已惟牖南野藤一本高可蔽檐根直不曲六七月之間

山雨驟來清風時至踈花長蔓結子盈卄丹碧相間雖具材不大其味不甘而不階天末不藉沈泉拔地而延脩陰垂條新綠入目致足尚也通都大邑貴族豪家一花一木皆有記識至於山巔厓葛之屬援牆附壁不可勝紀亦蓬蒿藜藋視之矣而斯藤孤立於童土谿居之地獨以罕而見珍將有託而逃歟抑以無用而得全也嗟乎榾柳栟櫚以諭都而貴卷施薜荔以入騷而悲物固有幸有不幸耶以藤名吾居亦猶黃岡之竹樓儋耳之桄榔菴自適其適云尒

開門六月不炎蒸綠映窗紗有異藤日午溪風舒翠箪夜涼山雨對青燈誰云北道無嘉樹自闢南堂待好朋謂韋太守文底用韋蘿將屋補

謫居清趣冷於冰 壽蒼所作余稍潤色之亦頗不俗

十一日晴午後微雨

自定課程午後讀管子夜讀三史及蘇詩

琴生以兒輩無師致書邀余父子過郡復書辭之

十二日晴

十三日晴

午後子峩來談

十四日晴午後大雷雨

梁詩五拔貢過談 名居實子峩客粵人

後漢書光武紀建武元年春正月光武北擊尤來大槍五幡於元氏追至右北平連破之章懷注案東觀記續漢書並無右字此加右誤也薊州西南別有右北平郡故城非此也

十五日晴午後微雨

光武紀十五年二月徙鴈門代郡上谷三郡民置常山關居庸關以東疑山字

注補 二十六年南單于遣子入侍奉奏詣闕於是雲中五原朔方北地定襄鴈門上谷代八郡民歸於本土遣謁者分將施刑補理城郭發遣邊民在中國者布還諸縣皆賜以裝錢轉輸給食注東觀記曰時城郭邱墟掃地更為上悔前徙之

安紀元初五年冬十月鮮卑寇上谷建光元年八月鮮卑寇居庸關

十六日晴午後大雨夜雨更甚

桓紀元嘉二年十二月右北平太守和旻坐臧下獄死

靈紀中平四年六月漁陽人張純与同郡張舉攻殺右北平太守劉

政

靈石先生詩二卷略涉七子風尚如此也錄其飲谷少岱草堂一聯曰野水侵秋碧煙林見曉青頗似晚唐人語送孫南村赴廣東一絶曰海南尚有林廷尉憂國遙憐雪滿簪無與學杜而有神韻者 岳烘在旅肆久待故錄其集

蒼渠拔貢

十七日晴

御覽人事部一百七引莊子曰惠子始與莊子相見而問乎莊子曰今日自以為鳳皇而徒遭燕雀耳坐者俱笑

張敞集敞答朱登書曰登為東海相遺敞蟹醬敞答曰蘧伯玉受孔子之賜必以及其鄉人敞蓮分斯貺于三老尊行者曷敢獨享之 御覽人事部一百十九引

十八日晴

午後張沚蓴來談據云多倫騎寇已撤五旂

郡國志幽州無終縣西平城即李廣射石虎之處

隋書文紀漢太尉震六代孫鉉仕燕為北平太守

十九日晴

復洪翰香書

得許鶴巢書黃花農書

二十日晴

得安圃書

晚得琴生書

二十一日晴

復安圃書附九弟書

二十二日雨

二十三日午後大雷雨漸霽

過子嶽少談即返

復合肥書

二十四日晴　琴生書來邀余父子赴郡懶於出門無以復之

二十五日晴

二十六日晴

在關律以九河名義解課士鉤般河多主句股之說本之潛研也偶閱

六月箋鉤〻鞶行曲直有正也疏云定本鉤鞶作鉤般因悟鉤般名河

之意周官巾車職曰金路鉤樊纓注云鉤讀如婁頷之鉤樊讀如鞶帶之鞶謂今馬大帶是也然則此河或謂其如帶或謂其以如車行鉤曲盤旋曲直有已何股之説非也

二十七日晴

午後子箴及泿詩五來談

穀梁莊二十有五年傳秋大水高下有大水災曰大水既戒鼓而駭眾用牲可以已矣救日以鼓兵救水以鼓眾此駭眾足為從駭之證

二十八日晴

左莊十六年傳鄭伯治与於雍糾之亂者九月殺公子閼杜注公子閼强鉏

皆祭仲鄭余葉公子閼邢公孫閼子都射考叔莊公失刑天誅假手

厲公也子孫兩字必有一誤

二十九日晴

八月初一日晴

天涼夜袷

何子峩及梁君又來

寄家書廿八 大弟 安圃

初二日晴

往答何子峩及梁君

初三日晴夜雨

得家書妾圖十八大病至廿六小愈昭甚作書問妾圖疾

初四日陰

余論文雅好左氏史遷以為古之良史無逾二家即古之至文亦無逾二家者世稱杜元凱有左癖實則左癖當屬之史遷耳觀其作十二諸侯年表曰魯君子左丘明懼弟子人人異端各安其意失其真故因孔子史記具論其語成左氏春秋下溯鐸椒虞氏呂不韋以及荀孟公孫固韓非而不及公羊穀梁其於儒林傳曰漢興至于五世之間唯董仲舒名為明春秋其傳公羊氏也又曰瑕丘江生為穀梁春秋自公孫宏得用嘗集比其義

其自叙則曰孔子厄陳蔡作春秋左氏失明厥有國語蓋自以其得左氏之

傳也謀晃輩讀左輒取史之逸以補左者錄之

周本紀五十一年平王崩太子洩父蚤死立其子林是為桓王

許田天子之用事泰山田也

索隱以為誤然史必有本

惠王十年賜齊桓公為伯

鄭文公怨厲惠王之入不與厲公爵

左莊二十一年傳虢公請器王與之爵鄭伯由是怨王也杜預曰爵飲酒器

也 服虔曰爵飲酒器玉爵也一升曰爵人之所貴者 孔疏

辨詳鄭世家下

丙戌

十六年王縱翟后翟人來誅殺譚伯

索隱云從國語不從左傳集解引唐固注以為原伯毛伯

子朝為臣　此與齊楚異文

十六年子朝之徒復作亂敬王犇于晉十七年晉定公遂入敬王于周

此與左異

初五日晴

是日課兒輩無暇讀書

初六日晴

琴生遣車來迓兩兒

初七日晴

遣兩兒赴郡

過子峩談

托子明遣人詒果餌八種云柴仲華屬其致先輩余與柴

無交屢致殷勤不解所以

初八日晴

釋本如來同游禁城寺寺有新桐一株雜花滿階僧不蓄經而禪

房有璽敕序及魯公碑帖二墨名而儒行者歟

初九日晴

王鎮自塞外歸來談

初十日晴

星鎮又來　十一日晴　晚張金來

十二日晴　午後急雨一陣

安圃代延趙州孝廉李居袁澗至丙子舉人其母乜袁侗乙酉舉人 君字紀堂一字琢臣

兩兒亦歸

十三日晴

得合肥書　又得樂山書

十四日晴　寄安圃書

十五日晴夜月色爲雲所掩

作樂山書附致合肥書並以一箋報仲伊

十六日晴月色甚佳

遣來存赴津送樂山柩鄉

連日陪李師閱詩仿兼課兒輩雜作書閱未得展卷讀也

十七日晴

李師開館

十八日晴

子萩來談

十九日晴午後雨

二十日雨午後放晴

連日體頗不適閱朱子集以養心節慮

二十一日晴

朱子答呂伯恭書昨見奇卿敬叩之以比日講授次第聞只令諸生讀左氏及諸賢奏疏至於諸經論孟則恐學者徒務空言而不以告也不知是否若果如此則恐未安蓋為學之序為己而後可以及人達理然後可以制事故程夫子教人先讀論孟次及諸經然後看史其序不可亂也若恐其徒務空言但當就論孟經書中教以躬行之意庶不相遠至於左氏奏疏之

言則皆時事利害而非學者切身之要務也其為空言亦益甚矣而欲使之從事其間而得躬行之實不亦背馳之甚乎佩綸葉伯恭之學兼朱陸而淵邃以文獻其教諸生讀左氏奏疏即周禮說所謂以三德三行立其根本又須教以國政使之通達治體也朱子病之誠當而以左氏為空言則亦有語病觀左氏所記春秋士大夫議論大而性道小而儀容亦

自予驅行有益

二十二日晴

晨起甚煩躁讀論語三五頁始止

朱子答程允夫書黃明比之乃兄似稍簡靜　又云蘇公雖名簡靜

而實陰险元祐末年規取相位力引小人楊畏使傾范忠宣公而以
己代之既不效矣則誦其獐文於坐以動范公此豈有道君子所為哉
此非甚之言前輩固已筆之書矣吾弟乃謂其躬行不後二程何其
考之未詳而言之易也二程之學始焉未得其要是以出入於佛老及
其反求而得諸六經也則豈固以佛老為是哉如蘇氏之學則方
其年少氣豪固嘗妄觝禪學如大悲閣中和院等記可見矣及
其中歲流落不偶鬱鬱失志則又匍匐而歸焉始終迷惑進退失
據以此揆程氏正楊子先病後瘳先瘳後病之說此而同之是又欲洗垢
而求孟子之瘢也　又曰蘇程固嘗同朝程子之去蘇公嗾孔文仲齕而去

之也文仲為蘇所嫉初不自知晚乃大覺憤悶嘔血以至於死吕正獻公之遺書尚可考也 案吕伯恭以蘇氏為唐袁朱子以為楊墨予以此書均失之過刻不免洛蜀門戶之見

二十三日晴

子峩屬作香翁書薦梁拔貢

二十四日晴

得子涵及子虞書知安姪病未愈悶甚作書訊安圖

二十五日晴

二十六日晴

常師母爲兩兒寄棉衣來並得雲舫書

二十六日晴

二十七日晴

二十八日晴

汪大臣初稿竟病中亦未暇重録也過子戢略話

二十九日晴

復子涵書並以牛乳餅寄巃巢

三十日晴

子峨來

九月朔日晴

復庚世兄書

得再同書

初二日晴

得安圃廿六書並銀二百兩都中所存罄矣安圃病未愈悶甚

復安圃及再同書

自十八以後余頗有病意初猶强讀管子久益躁懣乃靜坐自養林茗鑪香齋心蠲慮昨始疏爽又以安圃久疾今日胃痛又頗煩悶也

初三日晴

初四日晴

初五日晴

初六日晴夜雨

于峨來談知朱御史一新因劾太監李蓮英牽涉水灾降主事

旨以余上華劾茂林慶林言及禱雨無靈張佩綸謂慰留王文韶是日卯

致地震當時從寬未經責飭至今餘風未已聞之悚愧

初七日晴

朱存睐得樂山書九弟書

初八日晴

過于峨

初九日晴

石秀才自宣化来

初十日晴

菑石茂才小飲

十一日晴

石秀才回宣午後何龍兩君同至

得合肥復書又得安姪書知嫂氏病劇悶甚

十二日晴

十三日雨

十四日晴

十五日晴

晚琴生還車來

十六日晴

晨起赴宣化午後至郡齋

十七日晴

十八日晴

琴生欲游城隅北山不果王鎮来

十九日雨

二十日晴

回塞上得大嫂訃感愴無佀

廿一日晴

專足復都信

廿二日晴夜大雪

托千明来致榮仲華相念之意並贈食物　千山栽来談

廿三日晴

澗于日記　丙戌　三八　豐潤張氏澗

廿四日晴

遣蘇福入都

廿五日晴　龍杉岑来

廿六日晴

廿七日晴

荅托都浣拔一刺而已

廿八日晴

子戩来

廿九日晴夜大雪　通子戩

十月一日陰

雪意未已薄莫杉琴及沚華相繼而至

初二日晴

以詩四律寄琴生

水經注河水二釋氏西域記曰屈茨北二百里有山夜則火光晝日但煙人取此山石炭冶此山鐵恒充三十六國用

初三日晴

過子莪

初四日晴

得安圖書

初五日晴

獨坐臥室讀莊子竟日作讀莊子兩篇

初六日晴

答龍松琴張皋文說文諧聲譜未刊行松琴之父翰臣嘗從張曜孫鈔一副今則經其子成孫改定名為諧聲譜本說文之字其本來面目不可破矣

晚琴生邀車騎見招

初七日晴

過鄗齋

初四日晴

琴生于署之東偏葺屋五間專為鄗人設榻頌民為作雲母隔

以素帘飾辭極為雅靜晨与琴生茗話顏其室曰北海軒

取東坡章質夫送酒六壺不至詩結句南海使君今北海定分

百榼餉春耕之意 王鎮来

初八日晴

答王鎮 午後王及石秀才来坐竟日方去

朱久香言(此韓文也)或以為莊子乃子夏之門人蓋以田子方篇子方自言師

東郭順子而知北遊篇東郭子問於莊子，子曰夫子之問也固不及質遂以莊子與田子方同師耳　成疏以問於莊子之東郭子即子方之師東郭順子其說殆不足據　不知子貢亦稱叔孫武叔為夫子，未必莊子即東郭子之弟子，玩其語意亦非師問於弟之辭

知北遊篇莊子曰夫子之問也固不及質正獲之問於監市履狶也每下愈況　向郭注狶大豕也監市之履豕知其肥瘦者說謬甚質正獲履狶皆人名監市當若此言夫子之問固不及質正獲之問於監市履狶也每下愈況

初九日晴

琴生偕王鎮及葛田與顧在秀才同飲

初十日晴

長春聖節有不由夜郎不預漢酺之感

讀莊子達生

器之所以疑神者其是歟 達生 管注

十一日晴

消息滿虛一晦一明日改月化日有所為 田子方 管修靡注

十二日晴

得安圖書有高陽曉颿諸書又得洪翰香書知袁子久偶膺末疾

尚不至死荷琴公得于晦若書頗傳子久殆死

十三日晴

琴生之族叔煥之茂才來名忠文

十四日陰

十五日陰雨

余乞酒法於宣守頌民世謂以己意合藥酒一缾名之曰當歸酒為

作長歌報之

与琴生共閱柳川書院文頗多佳作

午後琴生得家書一姪殤意甚不懌相對索然

十六日陰

十七日晴

歸寓上得再同書寄冬菜豆豉

十八日晴

過子莪

十九日晴

午後張合來

得琴生書

吳書韋曜傳注曜本名昭史爲晉諱改之叢承祚書如張昭周

昭自不諱何以獨改韋昭為曜不可解昭有國語注本傳亦不載

嚴畯傳与裴介張承論管仲季路皆傳於世

張昭傳昭每得北方士大夫書疏專歸美於昭昭欲嘿而不宣則懼有私宣之則恐非宜進退不安策聞之歡笑曰昔管子相齊一則仲父二則仲父而桓公為霸者宗今子布賢我能用之其功名獨不在我乎

步騭傳上疏獎勸曰齊桓用管仲被髮載車齊國既治又致匡合

以上管注

顧雍傳孫權曰顧公在坐使人不樂晉東武子傳坐無武子不樂不知士大夫自處將在坐使人樂為貴乎在坐使人不樂為貴乎

孫權赤烏元年詔責數諸葛瑾步騭朱然呂岱等曰齊桓諸侯之霸耳有善管子未嘗不歎有過未嘗不諫諫而不得終諫不止今孤自省無桓公之德而諸君諫諍未出於口仍執嫌難以此言之孤於齊桓良優未知諸君於管子何如耳、管注

廿日雪

過午歲雪作而肆

魏志武帝建安十五年下令曰若必廉士而後可用則齊桓其何以霸世 此語不知所本

裴松之注引魏武故事載操令曰齊桓晉文所以垂稱至今日者以其兵勢

廣大猶能奉事周室也論語云三分天下有其二以服事殷周之德可謂
至德矣大能以大事小也昔樂毅走趙二王欲與之圖燕樂毅伏而垂泣對
曰臣事昭王猶事大王臣若獲戾放在他國沒世然後已不忍謀趙之徒
隸况燕後嗣乎人知武侯自比管仲樂毅不知擬之以齊桓樂毅自比
然亦迂迴異要皆當時英雄以其所以三分故
二十二年注魏書秋八月令曰昔伊摯傅說出於賤人管仲桓公賊也皆用
之以興
上谷代郡烏丸無臣氏等叛遣鄢陵侯彰討破之 建安二十三年
文帝延康元年秋七月庚辰令曰軒轅有明臺之議放勛有衢室

元關皆所以廣詢於下也（注引管子　已別錄）

廿一日晴

安靜春之子娶婦邀飲因往賀而辭以期服

魏志公孫瓚傳軍到薊中漁陽張純誘遼西烏丸邱力居等叛劫略薊中自號將軍略吏民攻右北平遼西屬國諸城所至殘破瓚將所領領追討純等有功遷騎都尉屬國烏丸貪至王率種人詣瓚降遷中郎將封都亭侯　劉虞為幽州牧上罷諸屯兵但留瓚將步騎萬人屯右北平純乃棄妻子逃入鮮卑為其客王政所殺送首詣虞

傳注魏氏春秋曰初劉虞和輯戎狄瓚以胡夷難御當因不賓而討

之令加財賞必益輕漢劾一時之名非久長深慮故虞所賞賜瓚輒抄
奪虞數請會稱疾不往至是戰敗（與袁紹戰）虞欲討之告東曹掾右北
平人魏攸攸曰今天下引領以公為歸謀臣爪牙不可無也瓚文武才力足恃
雖有小惡固宜容忍乃止後一年攸病死 浭小志
典略載瓚表紹曰紹又故上谷太守高焉故甘陵相姚貢橫責其錢錢不備
畢二人并命
張範傳弟承字公先是時太祖將征冀州術復問曰今曹公欲以弊兵數千
敵十萬之眾可謂不量力矣承以為何如承乃曰漢德雖衰天命未改今曹公
挾天下以令天下雖敵百萬之眾可也術作色不懌承去之葉衣術未死時曹

操無將征冀州之事即或誤傳不實而於事無徵空談可不必錄范之傳中亦以諛諂官渡之役託為先見耳下云太祖平冀州遣使迎範又似將征冀州即指官渡而言未免夾襍不清

晚龍龕叔琴來

二十二日晴

田疇傳注並錄 魏志

管甯傳注傅子曰齊相管仲之後也昔田氏有齊而管氏去之或適魯或適楚漢興有管少卿為燕令始家朱虛世有名節九世而生甯 管

邴禺字子昂河間鄚人也舉孝廉司徒辟皆不就易姓字適右北平

後田疇游積五年而太祖定冀州　疇謂疇曰黃巾起來二十餘年海內鼎沸百姓流離今聞曹公法令嚴民厭亂矣亂極則平請以身先遂裝還鄉里田疇曰邢顒民之先覺也乃見太祖求為鄉導以克柳城

魏志

司馬芝傳管子區言以積穀為急　管注　出別錄

蔣濟傳濟上疏三官任一自非周公旦之忠又非管夷吾之公則有弄機敗官之敝

劉放傳注魏氏春秋孫資對曰上谷太守閻志柔弟也為比能素所歸信令馳詔使說比能可不勞師而自解矣帝從之比能果釋豫而還

田豫

廿三日晴漸寒

午後蘇復自都還得九弟安圃書又得再同書

石秀才以董香光卷子求跋 卷書三詩紅樓院應制再入道場紀事沈佺期 同游仙游觀 韓居平 自跋沈佺期兩詩與今上新年改元事相類沈有二詩附以韓居平作時辛酉元正次日其昌識 陵李

余跋云唐賢應制詩多矣何獨取于雲卿居平在德宗朝與沈蹤跡近詩格均不相比即信手拈毫不應率易若此細玩之乃知香光自道行藏耳香光以講帷見忘補外泰昌初召還踰年為天啟改元自憐深院

豐潤張氏澗

得四翔兩朝常在聖人前即香光感遇詩也何用別求方外去人間亦自有丹邱則其不激不隨遠禍避舌之意流露言表矣此當由之筆墨之外無徒賞其書之神妙也購之示余塞上漫識數語

廿四日晴

檢寶甲所贈南浦行記自以年衰之臨摹較便

復再同書以高麗箋四十枚報其普洱茶醴陵箇之惠

廿五日晴

昨夜作北海軒詩十首書寄琴生

擬繪[illegible]徽仲左邱明賈生司馬子長張京兆諸葛武侯蘇文忠

爲七賢圖高山卬止景行〻止也非所及矣

廿六日晴

晚得琴生報章甚稱余詩及書〻佳書殊不佳詩則狂奴故態稍萌耳是日子莪來談不甚暢

廿七日晴

廿八日晴

天氣甚暄和過子峩談管注頗合連日校管書攷證地理殊費心力也

春秋郭公傳疑久矣公羊赤歸于曹郭公傳赤者何曹無赤者蓋郭公

也郭公者何失地之君也穀梁傳亦蓋郭公也何為名也禮諸侯無外歸之義外歸非正也杜預注左以為經義闕誤余疑此經在莊二十四年之冬而二十六年左傳秋虢人侵晉冬虢人又侵晉是郭公即虢公下奪侵晉二字耳左傳本是二十四年寫者因二十七年有晉侯將伐虢士蔿諫止一傳遂舉此傳附于士蔿城絳深宮之後蓋經已脫亡傳又錯簡致此大錯耳（公羊虢皆作郭）春秋書此為後虞師晉師滅下陽（僖二）年晉人執虞公張本公羊穀梁曲為之說知非左氏親見聖人者亡矣

廿九日晴

三十日陰

黃氏日抄以語翁文以莊周內論為第一篇中又携山谷文集閱甚

是日擬作一文不成褰裳階下久之飲酒亦不甚醺

十一月初一日晴

子嶽及張令鍾至晚龍松琴來辭行

初二日陰

初三日晴

過子嶽　晚琴生至留飲甚歡談至鐘漏九下而去

初四日晴

韵會窜字下引論語注何休云窜猶逃也　鄭氏注久佚僅見北堂書鈔不知此何所據

琴生饋敦陞店余舊居也往談午飯後辣琴心赴帳要辣如有所失遂

臺子峨處略說枯坐無聊翦燈讀韵意興索然

初五日晴

初六日晴

寄合肥書得安圃書

初七日晴

復安圃書得合肥書

初八日微雪

渡自都借三百金為卒歲資是日到塞私蓄盡矣讀東坡自笑我

貧天所賦不因遷謫始懷故〻之內不覺失笑

初九日晴

連日校訛文理詩稿不暇詳竟蓋心緒煩雜也

初十日晴

十一日晴　得洪翰香書

十二日晴始寒

復合肥書

十三日晴

十四日晴

石秀才来
十五日晴
石秀才去 午後華莪来
十六日晴
十七日晴
過于峨略談
張凱嵩卒譚序鈞調滇撫清卿得粵節
十八日晴
十九日晴

復合肥書

二十日晴

寄孝達伯潛書

廿一日晴

寄戴之八弟書

廿二日晴

子峨來言十六日　上諭唐炯黄瓚南徐延旭趙沃黄桂蘭張成𢇁

臺灣

廿三日晴

再回及安姪書至即復之

午後過子峨

廿四日晴

子峨又至

郊祀志平帝元始五年大司馬王莽奏言王者父事天故爵稱天子孔子曰人之行莫大於孝孝莫大於嚴父嚴父莫大於配天。王者尊其考欲以配天。緣考之意欲尊祖推而上之遂及始祖是以周公郊祀后稷以配天宗祀文王於明堂以配上帝禮記天子祭天地及山川歲徧春秋穀梁傳以十二月下辛卜正月上辛郊。王莽引孝經。

漢書董仲舒傳。天令之謂命命非聖人不行質樸之謂性性非教化不成人欲之謂
情情非度制不節是故王者上謹於承天意以順命也下務明教化民以成
性也正法度之宜別上下之序以防欲也脩此三者而大本舉矣人受命於天
固超然異於羣生入有父子兄弟之親出有君臣上下之誼會聚相遇則有
耆老長幼之施粲然有文以相接驩然有恩以相愛此人之所以貴也
生五穀以食之桑麻以衣之六畜以養之服牛乘馬圈豹檻虎是其得
天之靈貴於物也故孔子曰天地之性人為貴明於天性知自貴於物知自
貴於物然後知仁誼知仁誼然後知禮節重禮節然後
安處善安處善然後樂循理樂循理然後謂之君子故孔子曰不知命

丙戌

亡以為君子此之謂也 阮福作孝經義疏取繁露而猶遺此殊疏文選樓本九卷此非足本也

漢書匡衡傳論語孝經聖人言行之要宜究其意臣又聞聖人之自為動靜周旋奉天承親臨朝享臣物有節文以章人倫蓋欽翼祇栗事天之容也溫恭敬遜承親禮之容也正躬嚴恪臨衆之儀也嘉惠和說饗下之顏也舉錯動作物遵其儀故形為仁義動為法則孔子曰德義可尊容止可觀進退可度以臨其民是以其民畏而愛之則而象之大雅云敬慎威儀惟民之則

又大雅曰無念爾祖聿修厥德孔子著之孝經首章蓋至德之本也 阮疏內未引

廿五日晴

得合肥書 又得琴生書

廿六日晴

廿七日晴是日冬至

過子峨

廿八日晴 子峨來

廿九日晴

十二月初一日晴

初二日晴

答景祺

初三日晴

體頗不適檢詩文稿竟日

初四日晴

初五日晴

初六日晴

張令來

初七日晴

竹書紀年二卷余所藏乃平津館本洪頤煊序校之甚詳其今本与清

唐志卷之多寡及各書与今本文之同異不復置辨要之此僞書也司馬

篡魏之遺臣作之言晉終為魏所滅耳故敘晉魏獨詳三代事則雜采詩書及左氏諸子史記成之太甲紀王潛出自桐殺伊尹昭王紀復說象魏皆偶言也晉人不悟認為古文受其紿矣澗如及王氏父子攻偽古文甚力然皆篤信此書郝蘭皋並有竹書紀年校正徐文達以今本為依託至古本則未之及殆以大佚不復深究耳

得樂山十一月十七日書　又得趙菁衫書

初八日晴

永尉都統贈黃羊官羊以饋宜守

晚得琴生書又得合肥書

初九日晴

撰易禮二卷卦辭爻辭彖禮一卷大傳通禮一卷

初十日晴

十一日晴

復合肥書

托都統贈食物與兒輩

十二日晴

陳伯平贈百金並寄義倉織局兩記書來因誤聞余病勸養心以

待時推許過當余復一書云損惠重金感荷耿中丞之常平王伸通

于州堂石影

之訓織邊民歌誦久到漢南照看公特小試耳再同致兩兒塞上距阮考廉之來兩閱月耳佩綸初無疾也而時傳鄙人悼亡成瘋出之書空館再同為流言所惑艱難困苦半生蓋備嘗之杜門課子未始非福何至憂傷抑鬱頓致人人以我為念任學力求深日就荒陋困不堪為時用矣故人章琴生來守宣化處以為無之質大獨恨咫尺岐異不能一踐良約也塞上無佳山水復驢風雪時行所落閒得一二句不必成篇入春頗致大同布三五端作大布之衣並為帕帽襪襪相稱

十五日晴

以織局義倉兩記致琴生琴生又有種棉課織之意也

十四日晴

天漸涵寒，蓋未雪也

讀穀梁傳，檢及劉申受穀梁廢疾申何一卷，語太支離，隨手駁之，無不披靡，定為穀梁起廢疾義證一卷。聞近有作穀梁傳補疏，故不復詳校也，妨箋管之功耳。不若申鄭，以余不墨守高密，且不以緯釋經也

晚得琴生書及袁子久書，子久以能作書廢疾之疏矣，可喜

燈下枯坐，悶甚，以日來研究易理，試絜著以卜休咎，得地雷復之震，六四中行獨復。復之至日也，有一陽來復之幾。地復化而為雷，則全是震象。震驚百里，不喪匕鬯，象在春分，且坤為臣道，震為君象，陰陽相與，殆有疎徹百里則行

于艸堂石影

不甚遠殆可釋戈躁耒乎留之以驗後應與否

十五日晴

十六日晴

十七日晴

得再同及唐成山書

十八日晴

吳山寄舊唐書及寶賢堂帖晉祠碑半年始達復寄晉祠米數

斗滿粉兩匣

子峨來談

劉向受穀梁六藝論以為顏安樂弟子齊次風公羊注疏攷以為先治公羊後授穀梁不知所本俟攷拜經日記公羊傳經表惟引六藝論一證

惠氏九經古義謂子政封事多公羊說余以漢書五行志證之子政說或同仲舒皆公羊義也又說左氏傳似子政兼通三傳班書謂其持穀梁義殆未深攷矣

復趙菁衫書論脩邑志

十九日晴

東坡生日招子莪來飲以王見大所會文忠像設祀以香濤所寄海南香及廣橘六瓮酒作供紀堂疾作不預

二十日晴

初獻六羽
穀梁子曰舞夏天子八佾諸
公六佾諸侯四佾初獻六羽
始僭樂矣尸子曰舞夏自
天子自諸侯皆用八佾初獻
六羽始厲樂矣

穀梁傳引古人說

桓二年　孔子曰名從主人物從中國故曰郜大鼎也

桓三年　子貢曰冕而親迎不已重乎孔子曰合二姓之好以繼萬世之後何謂已重
乎夫人姜氏至自齊

桓九年　尸子曰夫已多乎道　曹世子射姑來朝

襄廿三年　蘧伯玉曰不以道事其君者其出乎　臧孫紇出奔邾傳

哀十三年　孔子曰大矣哉夫差未能言冠而欲冠也　黃池

定元年　沈子曰正棺乎兩楹之間然後即位也

公羊傳引師說

孟子沈猶行曰是非汝所知也昔沈猶有負芻之禍從先生者七十人未有與焉趙岐注沈猶行曾子弟子也

荀子儒效篇仲尼將為司寇沈猶行不敢朝飲其羊漢書楚元王傳景帝封其子歲為沈猶侯晉注沈音審屬韵二音侵沈直深切漢複姓有沈猶氏

按沈猶行之見甚卓疑吾沈子即其人沈猶稱沈子亦無不可

沈子日記

子沈子曰君弒臣不討賊非臣也不復讎非子也葬生者之事也春秋君弒賊不討不書葬以為不繫乎臣子也 何休注子沈子後師 不但言子者辟孔子也其不冠子者他師也

隱十一年傳

魯子曰我貳者非彼然我然也 莊二十三年公會齊侯盟于扈

魯子曰蓋不以寡犯眾也 僖五年鄭伯逃歸不盟傳

魯子曰以有西宮亦知諸侯之有三宮也 二十年西宮災傳

魯子曰溫近而河陽（踐土）遠也 二十八年天王狩于河陽傳

閔子要經而服事既而曰若此乎古之道不即人心退而致仕孔子蓋善之也 宣元年

放胥甲父傳

于州堂石影

魯子曰是王也不能乎母者其諸此之謂歟二十四年天王出居于鄭傳

子公羊子曰其諸為其雙雙而俱至者歟

子曰我乃知之矣何注子謂孔子在側者曰子苟知之何以不革曰如爾所不知何春秋之信史也

其序則齊桓晉文其會則主會者為之也其詞則某有罪焉爾 昭十二年納北燕伯于陽傳

曰樂正子春之視疾也 昭十九年葬許悼公

孔子曰其禮與其辭足觀矣 昭二十五年唁公于野井

子沈子曰定君乎國然後即位 定元年

子北宮子曰辟伯晉而京師楚也 哀四年傳 晉人執戎曼子赤歸于楚

子公羊子曰其諸以病桓與 桓六年子同生

魯子曰請後五廟以存姑姊妹 莊三年紀季以酅入于齊

莊子大宗師篇有女偊其言曰吾聞道矣又曰卜梁倚有聖人之才而無聖人之道我有聖人之道而無聖人之才参知即此女子也 釋文偊徐音禹李音矩一云是婦人也以婦人解女偊謬矣

子沈子曰不通者蓋因而臣之也 莊十年宋人遷宿

子女子曰 女音汝 以春秋為春秋齊無仲孫其諸吾仲孫歟

高子曰娶乎大夫者略之也 文二年逆婦姜于齊

子司馬子曰蓋以操之為已蹙矣 齊人伐山戎 莊三十年

春秋繁露俞序篇仲尼之作春秋也上探正天端王公之位萬民之所欲下明得失起賢才以待後聖故引史記理往事正是非也王公史記十二公之間皆衰世之事故門人惑孔子曰吾因其行事而加乎王心焉以為見之空言不如行事博深切明故子貢閔子公肩子言其切而為國家資也其為切而至於殺君亡國奔走不得保社稷其所

漢藝文志儒家世子二十一篇名碩陳人也七十子之弟子

唐石經泄柳作世柳說苑以泄柳學子京余疑世子即泄柳碩乃柳之誤耳弟檀弓子柳之母死子碩請稍居弟之母死其人也按康成注以子柳為叔仲皮之子大誤下文叔仲皮學子柳子柳乃

以然是皆不明於是不驗見於春秋也故衛子夏言有國家者不可不學春秋不學春秋則無以見前後旁側之危則不知國之大柄君之重任也故或脅窮失國揜殺於位一朝至爾苟能述春秋之法致行其道豈徒除禍哉乃堯舜之德也故世子曰功及子孫光輝百世聖王之德莫美於恕故予先言春秋詳己而略人因其國而容天下大得之則以王小得之則以霸故曾子子石盛美齊侯安諸夏侯尊天子霸王之道皆本於仁仁天心故次以天心愛人之大者莫大於思患而豫防之故蔡得意於吳魯得意於齊而春秋皆不告故次以言怨人不可邇敵大國不可狎攘竊之國不可使久親皆防患為

丙戌

叔仲皮之師其妻魯
人云之乃妻为天軽服
故叔仲衍以告而柳为
之制礼毋此鄭注之大
誤者雖從泗柳之母死
注魯繆公時賢人也即
此一人而兩注分為兩人
孟子注泗柳也 惜乎一篇
于柳
辟証歷明弟子此兩
子子柳而別誤而以
則謬可知其言之不
實矣子碩之負儀
最故並拒之也

民除悪之意也不愛民之漸乃至於死生故言楚靈王晉厲公生弑
於位不仁之所致也故善宋襄公不厄人不由其道而勝不如由其道而
敗春秋貴之將以變習俗而成王化也故子夏言春秋重人諸譏皆本
此或奢侈使人憤怨或暴虐賊害人終皆禍及身故子池言魯莊
築臺丹楹刻桷晉厲之刑刻意者皆不得以壽終上奢侈刑又急
皆不內恕求備於人故次以春秋緣人情赦小過而傳明之曰君子辭也
孔子明得失見成敗疾時世之不仁失王道之體故緣人情赦小過
傳又明之曰君子辭也孔子曰吾因行事加吾王心焉假其位號以正人
倫因其成敗以明順逆故其所善則桓文行之而遂其所惡則亂國

行之終以敗故始言大惡殺君亡國終言赦小過是亦始於麤糲終於

精微教化流行德澤大洽天下之人人有士君子之行而少過矣亦譏二名

之意也　佩綸案戴宏以公羊出於子夏殆即本此然繹董生此篇似重

曾子且以公羊所引諸說如此篇互攷似閔子即指啓甲之一事子貢即指

穀梁所引覓而親迎一事其五引魯子疑魯皆曾之誤文此之子池疑即

子沈子之誤文　臧庸以子池為子游　公羊與孟子同者數事疑北宮子即孟

子之北宮錡高子即孟子之高子然則公羊高即公明高趙岐以為曾

子弟子者是也　子司馬子子女子無攷公肩子即弟子傳之公堅定字

子中　頗疑尸子即公肩子之壞如此則公羊乃曾子一派穀梁乃公肩子一

派西漢說公羊者未嘗以為出於子夏也俟再詳攷

詔有以公明高為公羊高者譌居

書少侯被誅後改之

二十二日晴寒

琴生遣人送年禮並時憲書一冊 附王雲舫李仲彭兩書

二十三日晴祠竈

易曰井渫不食為我心惻可以汲王明並受其福王之不明豈足福哉 索隱引京房易章句言我之道可汲而用上有明王汲我道而用之天下並受其福故曰王明並受其福也 史記屈原傳

二十四日晴

作讀莊子三四兩篇 三論莊子與屈原離騷足以互證 四論莊周與孟子異同

二十五日晴雪

過子峨從談

二十六日晴雪霽頗寒

紀堂連日痰篤羣醫束手

二十七日晴

作書寄都趣紀堂之兄来　戌刻紀堂下世惻然

二十八日晴

昨夜為紀翁入斂寒中覩此萬感橫生

紀堂丙午舉人在都謁選秋間安圖延之来塞授讀性甚嚴正學

亦深湛時借余左傳注疏課讀之餘手不釋卷尤長於史鑑杜詩夜分談論古今與余極契諸居深有師友之樂惟向有喘證夙病已深十八九日偶有感冒舊恙頓發山城苦乏良醫馴至不起悲夫年才四十有七無子以兄子為後

復寄都書傳伯棠山閒殯其柩於南門外給孤寺余率二子哭之

廿九日晴

午後子峨來談

三十日晴

是日天色甚朗

附錄祥仁趾同年行程日記

張家口至查罕託羅海 盤腸河 六十里 五月初二

村落頗稠田禾亦茂勝嘉峪關內外多多矣

查罕託羅海至布爾哈蘇台 六十里 小河二道 初三午

上大坡北行至鄂博西北行一望碧草如茵沿途專望穹廬別有風味令左

文襄見之又將議增郡縣矣過小河二道

布爾哈蘇台至哈留台 小河一道 七十里 初三夕

沿途開墾已多壤土沃美村落比甘肅富庶

哈留台至鄂羅胡都克 六十里 初四

沿途上下小坡二三處間或有石　鄂羅胡都克臺西南水草豐茂山

前後生聚富庶觀之生羨

鄂羅胡都克至奎蘇圖　七十里　初四夕

西北行越草坡

奎蘇圖至札哈蘇台　河道　八十里　端午　卯行辰止

西行一望平原

札哈蘇台至明垓　八十里　初五夕　巳初行巳正止

碧草際天淺坡上下巳正二刻駐明垓土屋數椽頗整潔大似秦晉道中

行館惜由第一台至此數百里不見一樹耳

明埃至察〻尔圖六十里　初五卯初行辰初止

北行而西越大坡西北行及巔有石行側坡數里餘皆綠草平鋪馬蘭如錦花香草氣爽人心目

察〻尔圖至慶岱八十里　初六巳行午正止

西北行越大坡行側坡二三處有石草如麥隴青蔥可觀

慶岱至烏勒哈達一百廿里　初七卯行辰止

西北行繞花果山仍指西北山嶺石巖崎野花寥落一灣溪水遍地皆馬蘭也

烏勒哈達至本巴圖八十里　巳行未止

西北行道有石顛嶮 台站疲累

令巴圖至錫喇哈達 無里數 初八卯初辰止 雨 西行多碎石

錫喇哈達至布魯圖七十里 初九寅初卯止

西北行越土坡微有沙積 台站疲累

布魯圖至鄂倫琥圖克六十里 巳行巳止

西北行

鄂倫琥圖克至察罕琥圖克六十里 初十卯行辰初止

西北行 夜中衣裘猶寒

察罕琥圖克至錫喇穆楞七十里 巳行午初止 水賴 原注屢本賴水似是水芳之方言作水賴耳

西北行走戈壁。按由布魯圖起至哈達圖三十二台，據土人云，通謂之戈壁，
間有沙積，但廣漠，皆有水草，非比西路戈壁僅堪駝行，餘皆不毛。

錫喇穆楞至敖拉琥圖克 醎水 二百里 十日寅行，辰止
西北行，崎嶇長坡二三處，餘皆微草沙積。

敖拉琥圖克至吉斯黃郭爾 水賴 八十里 巳正行，午正止
西北行，草戈壁兼沙積。吉斯黃郭爾沙積坡下，弱草離離，穹廬
破敝，蒙古十餘人行乞，問之，短氣，其富厚之蕃部。

吉斯黃郭爾至喜喇穆呼爾 七十里 十二日卯初行，卯初二刻止
西北行，微草平沙，穹廬黯敝。

喜喇穆呼尔至呼隆布隆一百里　卯正行巳初止

西北行沙碛草地雨後戈壁乾熱故为夜行晝駐

呼隆布隆至叟吉布拉克七十里　十二日申行戌止

西北行沙草小坡間石三四處　有神柳聖蹟

叟吉布拉克至托里布拉克六十里　戌正行亥正止

西北行崎嶇上下微草側坡蕪[亂石]路數十里過河灘下車徒行觀馬趵泉　聖蹟一池清泉映月清澈見底飲一勺甘津如醴又西北至托里布拉克地多神蹤草木出慈蔭寺喇嘛送奶茶　是日行三百四十餘里

托里布拉克至圖國哩克七十里　十三日寅初行卯初止

丙戌

六四

豐潤張氏澗

子初至　慈蔭寺　龍神前行礼並獻哈達一方

西北行崎嶇沙阜不大如盤沙軟如淖平行甚苦　台站貧甚

以粟米振之

圖國里克至默霍尔葛順一百里　未初行申正止

西北行沙草平原沿一土龍而行在土龍幕中細審形勢則東米沙

岡南亘無極始知其脈甚長詢之土人則遠通西路乃天山東沙

山之一脈耳

默霍尔噶順至霍尼齊一百廿里　十四日寅正行辰正止

西北行里数甚長与西戈壁煙墩苦水同至霍尼齊迤南查罕額英

于卅堂石影

格尔石齊慶下車少憩至霍尼齊飯後詣傳恩寺拈香獻哈達

剌麻送奶茶

霍尼齊至畢勒格庫九十里　十五日寅正行卯正止

西北行沙草如前

畢勒格庫至哈濟布齊　無里數　辰行午止

西北行微草平沙　中途有樹車臣汗盟槊台貝井之至

哈濟布齊至扎拉圖八十里　十六日寅行辰止

西北行越一小山沙漠間灘開有榆林三五成行頗似新疆猓〻峽壩示

有水一窪

札拉图至卓布里 鹻水 無里数 辰行巳止

穹廬漸次整齊

卓布里至博羅鄂博 九十里 十七日寅行卯止

西北行微草小坡

博羅鄂博至庫图勒多倫 鹻水 九十里 辰行巳止

沙草河灘西北行

庫图勒多倫至賽尔烏蘇 有台站司員駐此俗云驛傳道 如赴庫倫由此往來 六十里 巳行午止

西北行沙草小坡

賽尔烏蘇至默端 水賴 八十里 十八辰行巳止 雨行

西北行花草饒鶺鴒晴爽如秋

默端至哈比尔噶 水賴 一百廿里 午行未止

西北行沙磧參差草茸長短不沒踝 十二刻行一百廿里以此計之草地車行一日可行四五百里但人不能勝耳

哈比尔噶至希保台六十里 十九日寅行卯止

西北行微草淺坡閒有亂石平原

希保台至梯薩 七十里 十九日辰行 巳止 西北行微草沙磧

梯薩至吉呼木 醎水 八十里 廿日卯行 辰止 小坡軸折

吉呼木至沙克舒尔噶 水賴 六十里 申行 酉止 西北行微草淺坡 路側有本站副參領迎候

沙克舒尒噶至察布察尒七十里 廿一日卯行辰止 西北行坡底有泉艸漸[illegible]

察布察尒至哈沙圖九十里 巳行未止 西北行

哈沙圖至楂楞二百里 廿二日卯行辰止 西北行

楂楞至翁錦 河一道 一百廿里 巳行未止 西北行

荊棘叢生車馬行甚艱苦翁錦水草甚佳華馬亡駐買海騮馬兩

匹以備恭進

翁錦至烏納格特八十里 廿三卯行巳止 西北行道如楂楞烏納格特貼地野花

黃白青紫惜不知名衣裘猶寒以雨不霽也

哈達圖至哈拉尼敦八十里 廿四卯行辰止 西北行過河南微草平坡又西北越側

既云水草均美又云水少無樹必有一誤

坡西行

哈拉尼敦至葛魯底 小河一道 七十里 廿四日行 午止

西行山坡草路兼有石峰如疊雲勢午正又行枯棘叢生地策騎而西

葛魯底四面背山水草均美。蒙氏富庶羊馬。多如甘肅之三關口水少無樹 清文均另委員詳刻在此

噶魯底至塔楚 河一道 八十里 廿五日寅行 辰止

西行沿河灘南轉進北山口此蓋杭愛山之東南。西山勢巉峨草多水少至塔楚訪問安台委員有受餽贐事

塔楚至胡都克烏爾圖 六十里 廿五日午行 午止

西南行過河循大坡西行又西北轉

丙戌

六七

豐潤張氏澗

下大坡

胡都克烏爾圖至沙爾噶勒珠特 河二道 一百里 廿六卯行 已正

北行河灘石子路又西北越二草坡辰正二刻越大草坡東北如甘肅之烏

梢嶺下坡西北過河二至沙爾噶勒珠特

沙爾噶勒珠特至推 七十里 午行 未正

西北行沙石微草淺坡間有平地又越大坡推四面皆山羣峰疊

翠前臨推河後枕臥山可戰可守可耕可收愈於哈密推河源自北

嶺經此約三台山下出巨泉二五圖南注於某胡克圖合少臣淳之中一名

賴者生涯固天泉也

推至烏爾圖七十里 廿七日卯行辰巳止

北行西轉涉推河西行又西北皆坦途惟鼠穴太多辰正策騎沿山

西行沙石相間巳初至烏爾圖

烏爾圖至鄂羅蓋 河二道 八十里 西北行間有碎石碧草黃花燦爛入目

未正過河 午行未止

鄂羅蓋至烏塔 河一道 七十里 廿八卯行辰正 西北行鼠穴如織間有碎石羅列成峰

烏塔至白達拉克 河一道 一百里 巳行未止 西北行曠原百餘里土潤草肥未正過

河白達拉克四面皆山長百餘里寬數十里水匯西北注於東南沿河微

有土脈尤美土人云曾經開墾旋奉文禁止

社

白達札克至札克河一道一百廿里辰止　廿九寅行　西行郭西過河

札克至霍博勒車根河一道八十里午止巳行　西行微平午正過河

霍博勒車根至烏朗奔巴河一道八十里辰止　廿日寅行　西北行過小河地寒可想草尚微白

烏朗奔巴至鄂伯爾吉拉嘎朗圖河一道七十里午止　廿日巳行　西北行沿山微西

至河泉吉拉嘎朗圖七十里河一道　六月朔寅行辰止　沿山循河西北行番　地寒甚新

至胡吉爾圖六十里午止辰行　南行轉一嶺雪山在望西北沙布音圖河自西北

注於東南此為瀚山水兩大觀水以推河尤旺　至達嘎得勒小河一道六十里巳止　初二卯行

西南行過小河松柏成林　至特穆爾圖七十里申止巳行　西行過河西南又沿

山而西　至舒魯克河一道七十里沿山亂石　初三寅行辰止　至花碩洛圖河二道七十里

巳行午止　沿山西北行明日入烏

于惕堂右影

易窗日記

菁齋主人著易禮說成因以丁亥元正題其日記曰易牕夫易无思无為寂然不動感而遂通天下之故自非至神莫与於此漢儒通其數非易所謂數也宋儒通其理非易所謂理也推而行之存乎通不通則焉能行哉此易之義所以晦滯大而典禮小而占筮今之人皆不能通也久矣余深思以求易之窮則變變則通之理与數故以易牕名其日記也於易坎之困云納約自牖終无咎虞翻云艮為牖坤為戶艮小光照戶牖之象貳用缶納約自牖得位承五故无咎王弼以為至約自進於牖可羞王公薦宗廟崔憬以為牖里內

約免難皆失之夫剛柔之際而納之以約又何咎哉所謂困而不失其
所也四日升米則王用亨于岐山之吉无咎即此納約自牖之无咎（牖通孔也　說文）
也不言易牖而言易隱者何隱（牖）旁窗也所以助明者也窗正牖也（埤蒼）
頡解　牖所以為明者也故工記四旁兩夾窗注　主人之言易不求其旁通而求其
詁
正通故曰易隱也
光緒十三年歲在丁亥正月己丑朔晴
晨起率兩兒向北行三跪九叩禮遙祀　祖先
閱江督豫撫東撫暨游倉場延光祿疏竟不而笑曰異哉諸公之
言河也夫河北徙為害南流亦為害東不能容而委之南耶夫東撫

欲分河水十之三以入故而舉十之七以分流河能俯首帖耳聽其分三則
三當七則七乎豫疏迺掣全淄而南是也然全淄在東奈何此与江督
疏皆分畫畫界之見未知通籌國故不知深測河形者也延君
徒以迺入畿輔恫喝迺河欲北從亦無如之何而欲祖劉大夏之法
攷之不詳宜其言之不晰也游侍郎在都時言河須疏通海口鑿
之有據及奉命察河牽于鄉人之說又改為分流茲又改為南挽
何無定見乃亦夫分流者治河之一端非治河之究極也然欲治流非
通海口不可海口通則南流可北徙亦無不可然則東撫與其挽之南
而仍須求出海之口何如併挽南之土而就東以求出海之口乎則曰南

之海口淤淺而東之海口淤深也曰是必然大果南能容河則河自南不東河已東則逆挽之於南之海口不若順疏之於東之海口之易也禹貢曰又北播為九河同為逆河入于海夫所謂播為九河者因泛濫而言之非開黃河為九也治河者但當于同為逆河入于海七字著想則疏海口以迎河足矣字書釋河均非是惟釋名云河下也隨地下處而通流也得之矣天下則莫下於海矣說文河注海从水可聲可从丂口丂反丂也讀若呵夫呵氣出口水之出口似之若出口之氣能分之為二三則出口之水亦可分為二三矣讀書以識字始吾謂辨事事自識字始但解河之所以名河而治河之道在是矣

卅武請余之言道於王氏字說序

初二日晴

至給孤寺送紀堂匶歸里遣褚福及其僕陳升護行

初三日晴

荅兩都統賀正

午後得合肥祠竈日復書伯潛十月二十日書

初四日晴

午後子峨來談

初五日晴午後微雪

去冬所艸穀梁趙嚴疾小箋復加按正都爲一卷將以就正於琴生再

同夜三鼓始就枕

初六日晨起猶雪已初霽

琴守遣車來迓兄輩雪中遣行車發而霽

管子榷二十四卷內府藏本明朱長春撰長春字大復烏程人萬歷癸未進士官刑部主事是書即趙用賢本而增釋之故凡例及評俱仍其舊惟每篇各加叙釋在篇首者曰評多論作文之法在篇中者曰通剔隨文訓解其義在篇末者曰演乃總論一篇大旨皆出長春一手創立異名無所關發其七法篇評云是註意之作可為文武後之

于艸堂石影

分踐者神弛氣懈周末秦先之病如此千年來文家反學其病文之壞由
韓蘇以來云云亦可稱敢於大言矣
詮叙管子成書十五卷（內府藏本）明梅士享編士享字伯獻管子原目二十卷
已不可攷明代舊本皆二十四卷士享以本合為十五卷而以己意詮叙之
如牧民形勢立政九敗版法諸解皆移附本篇之後已亂其次第又
謂其文繁冗不倫乃於一篇之中分上下二格其定為管子本文者列之上
格疑為後人攙雜者及義有未安者列之下格其自為發明者別稱梅
生曰以別之如牧民篇國之四維一毀則云來梅菊解繇不仁故不智不知
故不知禮義所在斯為一貫之指若四節維絕則傾可正也等語於理有

乘恐非管子之言故列下層又權修篇天下者國之本一段則與大學

孟子之旨相悖故列下層讀諸子之書而必以詮義繩之何異閱晉唐

行草之迹而訓以說文之偏旁耶

四書全書存目子部二則二書之旁言之詳矣並梅書時有攷證

差勝于朱

初七日晴

子峨之子壽朋以一等第一補廩寄文字來辛酉中州之為之改正待

文王而興五章時文一首輪船布陣議一篇籌海圖編書後一篇子

峨以其子受業於余也少年文字清晰議論亦明可造之材晉後子

峨來謝

初八日晴

龍松岑來

穀梁子之名桓譚新論以為赤王充論衡以為寘阮孝緒七錄以為名俶字元始漢藝文志顏注以為名喜

後漢書儒林傳何休字邵公以列卿子詔拜郎中太傅陳蕃辟之與參政事蕃敗休坐廢錮乃作公羊解詁覃思不闚門十有七年黨禁解又辟司徒羣公表休宜侍帷幄倖臣不悅乃拜議郎再遷諫議大夫年五十四光和五年卒而何休公羊解詁序題曰漢司空掾蕃為太尉未嘗

為司空則司空掾當葉解後所稱之官司徒乃司空掾之訛殿本
校勘記未及糾正
武昌記樊口北有敗船灣孫權嘗裝一大船容三千人此與漢宮室疏言
漢武作豫章大舶可載萬人同一奇談
初九日晴
琴生還卑湖沿道中重山戴雪晃耀迎暄雖寒谷荒郊而自有明媚
之意信萬物皆春也小臣至郡齋渡下榻於北海軒兩兒與書郎
嬉戲糯俱無猜若一家夜與琴生縱談甚樂
初十日晴

迎春東郊還先輩往觀

說文童男有辠曰奴=曰童从辛重省聲余按知童字之義則蒙之初六發蒙利用刑人刑人即彖辭之童也諸家所解均惝怳論語夫人自稱曰小童夫人即謙何故自比於有罪之男小童當作小妾以左氏傳證之余說當是

十一日晴有風

夜琴生與兩家兒子同宴槐堂席中一樂也酒醺醺矣三鼓始卽枕

十二日晴

寄合肥書

十三日晴

遣兩兒歸与琴生談意忽不豫午後肌粟微生頭風作痛蒙

被僵卧者久之

寄袁子久書

十四日晴

體仍不適讀易自遣

十五日晴夜月甚佳病已霍然

与琴生夜話雖在客中尚無羈緒

十六日晴

巳刻自郡回塞並邀頌氏世講同來

十七日晴

午後子峨來談已而張令及代理張聽趙桂森踵至（趙字月橋）趙乃鄙俗吏略話即送去張令坐甚久

夜與頌氏談山居之樂為之忘疲睡已三鼓

十八日晴

午後冒雨先詣頌氏出大境門外一游余亦步至子峨處少坐而歸

十九日晴

頌民來郡

午後答客作答高陽詔卿及安圃書

二十日晴

褚福來得安圃及子涵書李芍農前輩以探路記見寄余

原有鈔本

午後過子峨略話

琴生書來知洪琴西都轉歿于粵東正初來櫬爲之驚惋不置余

於琴西未能一面彼此聞聲相思東坡所謂千里論交一言定與君蓋

亦不須倘有其為人以理財名而學優行篤語為曾文正李肅

毅沈文肅所知以三牌樓案論戍殺隸後築屋鳩茲有與世相

忘意孝達疏薦贈為浙洗航海而東遽隕旅次悲夫于次棠亡

十九日颶

二十日晴

作復安圃子涵書昨致琴生書意不盡又函詢琴西歿日

終日昏臥夜閱舊信書二五月下無所得

廿一日晴

兩兒入學

說苑三建本篇公扈子曰有國者不可以不學春秋生而尊者驕生而富者傲生而富貴又無鑑而自得者鮮矣春秋國之鑑也春秋之中弒君三十六亡國五十二諸侯奔走不得保其社稷者甚眾未有不先見而後從之者也 按公扈子疑即繁露俞序篇之公肩子

新署張家口同知劉盛璋來未見乃省三之姪也

二十三日晴甚煖

得伯平書寄大同布五端復書謝之

汪仲伊有武侯兵法輯略一卷攷八陳圖極詳偶閱水經注汾水注汾水又南逕汾陽縣故城南南對定軍山諸葛亮之死也遺令葬于其山

山東名高平是亮宿營處有亮屆營東即八陣圖也遺基略在㟭𡼴難識營東諸刻作營戴按作塋畢作營是也上云莫知墓塋所在則安能辨塋之東西耶以亮宿營處故知為營東也仲伊但引江水注而失引此條他日當屬其增入此條水經注節引

記張澍所集諸葛武侯故事所紀已詳仲伊殆未得此本耳

二十四日晴

托子明劉子進何子嶷均來

得祥仁趾同年書並寄烏里雅蘇臺地圖一幅

二十五日晴

琴生遣姬卅來惠玉瓜廣柑

夜作復祥仁鉏書託黃介臣寄葛城

二十六日晴

得安圃書知李氾堂柩回趙

二十七日晴有風

連日閱李貽德左氏傳賈服注輯述以余蕭客古經解鉤沈及馬氏玉函山房輯本校之李氏遺漏太多更以十三經注疏及文選注各書校之余馬二尚有舛誤

二十八日晴

張子馥來攜云有浙人賣其藏一山谷墨蹟未知真贋姑徇之以當屠

問之喬聯快意耳

二十九日晴

出門答托子明張子純不值晤劉子進晚龍松琴來

三十日晴

子峨來談

皇侃論語義疏來自日本四庫著錄今取皇氏禮疏與論語疏可證者偶錄之　原壤者方外之聖人也不拘禮教與孔子為朋友　禮檀弓疏引皇氏云原壤是上聖之人或云是方外之士離文弃本不拘禮節妄為流宕非但敗於名教亦是誤於學者義不可用其云原壤中聖下愚義實得

矣　據此則皇疏上聖方外為二說不應云方外之聖人安為流宕以下均孔氏譏皇之語其云中庸下愚亦皇氏之說也何論語疏與禮疏不同

鄉人儺皇疏歷引鄭氏月令注而云鄉人儺是三月也　禮疏皇氏云以季春國儺下及於民以此季冬大儺為不及民也並皇氏解禮違鄭解義也今鄭注論語義鄉人難云十二月命方相氏索室中毆疫鬼鄭既分明云十二月鄉人儺而皇氏解季冬難云不及鄉人不知何意　按皇疏論語不破鄭論語注而引禮注以疏禮既駮皇氏亦不一致論語義疏何也

二月初一日陰有風

豕人立而啼　荀子注引作諦　雜記下鄭注小兒亡母啼號　釋文啼徒

于州堂石影

奚反本又作諞同

奪伯氏駢邑三百　皇疏伯氏名偃大夫駢邑者伯氏所食采邑也時伯氏有罪管仲相齊削奪伯氏之地三百家也　禮孔子閒居疏案鄭注論語云伯氏駢邑三百家云齊下大夫之制似公侯伯下大夫唯三百家者但春秋之時齊之強盛地多故伯氏唯食三百家之邑不與禮同也此皆皇氏之說　案皇氏疏禮引鄭論語注而於疏論語不引之亦為小異

禮中庸疏案異義云張華辨鮓師曠別薪苻朗為青州刺史善能知味食雞知棲半露食鵝知其黑白此皆晉書文也今本晉書皆有之但沖遠所云晉書似舊晉書存攷

初二日晴夜雪

初三日雪頗寒

初四日晴

子峨來言法人以爭界兵脅鐵香鐵香聲色不變法人乃謝而送隸鴻臚勁節愈著而法之無信無禮如斯殊可痛恨也

初五日晴

得琴生書召余過郡

初六日晴

過子峨略談而返

作答洪翰香書託琴生寄蕪湖

初七日晴

過郡

初八日晴夜大雪

郡齋縱談竟日夕王鎮攜酒就槐堂小酌

初九日晴

琴生赴津余之睞塞上

初十日晴大雪

十一日雪霽

過于峨

得安圃書知三先生一千

十二日晴

復安圃書寄朱拙一流為亡婦作周年

漢志道家鄭長者一篇注六國時先韓子韓子稱之師古曰別錄云鄭人不知姓名隋唐志皆不著錄案韓子外儲說右上傳田子方問唐易鞠曰弋者何慎對曰鳥以數百目視子子以二目御之子謹周子廪田子方曰善子加之弋我加之國鄭長者聞之曰田子方知欲為廪而未得所以為廪夫虛無無見者廪也一曰齊宣王問弋於唐易子曰弋者奚貴唐易子曰在於謹

廉對曰馬以數十目視人人以二目視馬奈何不謹廉也故曰在於謹廉也

王曰然則為天下何以異此廉令人主以二目視一國一國以萬目視人主

將何以自為廉乎對曰鄭長者有言曰夫虛靜無為而無見也

其可以為此廉乎又難二引鄭長者有言體道無為無見也

近馬竹吾輯佚僅引外儲第一說疏矣

十三日晴

十四日雨微雪　寶靜村來談

十五日雨旋霽

十六日晴

得再同書寄來武曾經傳跋謚

過于峨

十七日晴

十八日晴

于峨來談

十九日晴

復再同書　得朱亮生觀察書劉省三巡撫書

出弔永峻峯母喪

二十日晴

得金渠山正月廿六書即復之

二十一日晴

晨起甚悶讀莭子數頁殊無所得午後作字三帋

廿二日晴有風

廿三日晴

得安圃書又得孝達寄三百金

廿四日晴

以百金寄安圃爲京中屆租各用得廖穀士書

廿五日晴

得洪翰香書告哀

廿六日晴

得葉子晉書並申報

廿七日晴

過子峨晚松琴来贈清溪山谷題名一本 乃殘本

廿八日晴

朱存至市買得壽山石根圖書艾葉呂化圖書各一方在山城亦頗罕見

廿九日晴

午後張介来談

三十日晴

閱邸鈔唐鄂生贊巡撫銜督辦雲南鑛務

三月初一日晴

汪容甫漢上琴臺銘後附伯牙事攷以（史記）中旗馮琴而對韓（秦策作中期）子難勢篇作鍾期遂以鍾期即秦中旗其說甚新穎惟容甫既以高誘呂氏春秋淮南子為案據校秦策秦王與中期爭論不勝高誘注中期秦辯士也是高誘不以中期与鍾期為一人容甫屢而不數何也

得琴生書並送代購之崇文局百子來邀余赴郡憚於僕僕作書辭之

過子峨略談時暮色滿城矣

初二日晴

初三日晴

初四日晴大風

過北海軒

初五日大風

初六日晴

回寨上得安圖書

初七日雪

過于峨

初八日晴

致琴生書　復安圃書並致高階書

初九日晴

過于峨

初十日晴

于峨來得琴生書

十一日晴

過于峨略談

復伯潛書

十二日晴

十三日晴　復香濤書

十四日晴

得再同書並湖海樓叢書夜作書復之

十五日晴

閱學林

十六日晴

子峨來談

錡安圖書

檀弓寢苫枕干鄭注干盾也疑干乃由之壞

十七日晴

答芝靜郵

復樂山書

汪容甫墨子敘文極詳贍其曰墨子於魯陽文子多所陳說楚語惠王以梁

與魯陽文子事注文子平王之孫司馬子期之子據此以證墨子為楚惠王時

人當矣今案史記索隱引劉向別錄云墨子書有文子文子子夏之弟子

問於墨子如此則墨子者在七十子後也耕柱篇子夏之徒問墨子又云魯陽

文居未必一人容甫不用別錄之說初不辨駁且於子夏之徒亦不引以為證稍失之疏畢按有墨子篇目攷而於別錄竟不稱引尤數典而忘祖者矣

十八日晴大風

遣蘇福至郡送琴生沈太夫人壽禮

十九日晴

荀子非相篇凡人莫不好言其所善而君子為甚故贈人以言重於金石珠玉觀人以言美於黼黻文章聽人以言樂於鐘鼓琴瑟故君子之於言無厭鄙夫反是好其實不卹其文是以終身不免埤汙傭俗故易曰括囊無咎無譽腐儒之

謂也佩綸案孔子彖辭曰括囊无咎慎不害也文言曰括囊无咎无譽蓋言謹

也孫卿之說背於聖門其於學易寡過之旨殆未得聞矣

大略篇易之咸見夫婦夫婦之道不可不正也君臣父子之本也咸感也以高下下以

男下女柔上而剛下聘士之義親迎之禮道重始也

又易曰復自道何其咎春秋賢穆公以為能變也此本易以說公羊

二十日晴

尸子發蒙篇孔子曰臨事而懼希不濟易曰若履虎尾終之吉若群臣之眾

皆戒慎恐懼若履虎尾則何不濟之有乎 近有姚配中作周易姚氏學頗采諸子証易而遺此條

二十一日晴

昨夜受寒不甚適晨起甚晏讀山谷詩煮龍井茶午後心清目朗矣

製肉一罷邀于峨晚飯藉以破悶飲酒半斗陶然有餘歡也

二十二日晴

過通橋十餘步有胡神廟廟側有一井泉甚甘冽道光間山右孝廉吳曉撰廟碑以大神為祇突張堡本東山暴落氏感祇突之使申生而祀之妄誕可笑杜注暴落氏赤狄別種一統志山西太平原樂平縣東五十里有暴落山一有東山暴落氏之虛似不得兼有上谷之地胡神自是元人所奉呼圖克圖之轉音變而為胡塗耳傅會春秋失之泉味不減浙之虎跑余名之曰冽泉或云暴落今垣曲

二十三日晴大風

作寄再同誼卿書

二十四日晴

過子峨晚劉子進龍松琴均來

袁華回都 得嵩陽伯潛寶夫及安圃書

二十五日晴

得安圃及鶴巢書

二十六日晴有風

二十七日晴

子峨過談

二十八日晴

復高陽及鶴巢書

二十九日晴

上海寄龍宋北齋書至

四月初一日晴

初二日晴

初三日晴

子峨來談與之共游三皇廟廟祀伏羲神農黃帝本之世本旁祀諸名

醫舊盖軒轅廟也後殿祀三皇而前殿專奉軒轅旁祀岐伯以下為醫家所營造內銅佛無慮數百尊乃元時古剎久圮銅佛皆為人竊去矣邊民某撮香灰治病有驗乃徧求商人布施復新其寺以舊存銅佛一尊奉于伏羲龕下碑皆萬歷以後淺人所撰無從知其緣起者可慨也旁祀十八乃鍾二葉三派者可笑可歎

初四日晴

得安圖書並家二廟碑還于峨

初五日晴有風

發安圖書又得家書並導達杭州陳枚以培書

初六日晴
晚得琴生書
初七日晴
琴生遣姬卄來送飯及萬崖
初八日晴
以酒一斗肉一柈招子峨晚飯用陸納延桓宣武故事也
初九日晴
過子峨
復安圃及陳牧書

初十日晴午後有風

詩蜉蝣掘閱傳掘閱容閱也箋云掘閱掘地解閱謂其始生時也以

解閱喻君臣朝夕變易衣服也案說文土部堀突也从土屈聲詩

曰蜉蝣堀閱我躬不閱傳〻容也故以容訓閱此複以容訓堀則堀閱為

容〻乎殆不可通疑傳堀閱容閱也當作堀突閱容也孔疏釋傳以閱

為悅懌之意恐非箋注說文及箋詩直以容閱為孟子容悅似太

迂曲

十一日晴

十二日晴

十三日雨

十四日晴

十五日晴

子峨來談

十六日晴

袁華踈得安圖書並延茂才歙縣王庭芬芷升至晚陪芷升談

十七日晴

托子明來午後子峨過談

琴生贈南食又寄去致合肥四月望日書

十八日晴

劉子進張子蘇同過久坐

十九日晴天氣漸煖始被袷衣

午後過子峨跦窗安圖再同書

二十日晴

廿卄開館

午後過子峨

二十一日晴

答托子明張子蘇劉子進跦過協鎮射堂少坐鎮有施世驃碑

如南豐房乃康熙辛未出內帑所建本千餘間今大半圮毀矣薄

莫登城縱眺

二十三日晴

得安圃書 內附八九兩弟書

二十四日晴

複安圃書 附八九弟書

二十五日晴

午後子峨來話

借隋書經籍志來閱數頁取酒醉臥醒已上燈矣

二十六日晴雨相間似南中黃梅時節

連日昏昏欲睡一無所營

二十七日雨

過子峨談詩

二十八日晴午後雷雨

二十九日晴

過子峨

三十日晴

下傑於二十八日始有會乃賈儥都門雜物者偶出觀之皆小兒戲具東洋

磁花無足屬目

閏月初一日晴

得琴生書復之以其来塞見顧

午後張含来

初二日晴

午後吉觀察巡塞外還見過辭以他出

初三日晴

答吉雲帆

初四日晴

于州堂石影

初五日晴

初六日晴午後雨

作六姊墓志

初七日雨霽

過子峨忽雨一陣覓車而歸

初八日晴

作寄樂山書並姊氏墓志由都寄載之時載之欲作鄂游

初九日晴

作復合肥書未竟琴生遣頌臣來夜窗閒話聊破岑寂

初十日晴

午後仝雨光陪頌氏游雲泉山〻顛有三皇祠在蓮花洞余所未到也𨁾

雷雨一陣旋霽

十一日晴

頌氏回宣琴生約余贊墨莊句藥賦兩絕辭之並作復合肥書交驛遞津

十二日晴

得八弟安圖及再同書

十三日晴午後陰

又得再同書

于艸堂石影

十四日午後雷雨不成

午後子峨来已而龍松琴亦自宣至

十五日晴傍晚陰

答松琴遇楊小坊茂才乃書院董事小坐過子峨時子峨眷屬將至也

門前有賣花者乃南西門外土人買繡毬兩盆羣芳譜繡毬木本皺體葉青色微帶黑而澀春月開花五瓣百花成朵團圞如毬有紅白二種玉堂雜記東闌總下小池旁植金沙月桂之屬又有海棠郁李玉繡毬各一株

十六日陰雨

晨起作致安圃書

午後讀元遺山詩數首 伯文達稱其興象深遠風格遒上洵竝

十七日晴

十八日晴

買野白藥十餘叢種之隙地 琴生送玉海来

十九日晴

二十日大雷雨

張令調內邱

二十一日晴

二十二日雨

二十三日雨

二十四日晴

二十五日晴

石秀才來往答之

二十六日晴

劉子進並飲同坐惟石秀才

二十七日晴

二十八日晴

鏞石秀才赴宣

二十九日晴

與琴生談

五月初一日晴

初二日晴

琴生諸生鏞石秀才葛司馬同飲

初三日午後大雨一陣

三兄八弟來邀之同宿北海軒 琴生作詹平主人幽嘆而辭 余則有

飄泊彭城之感

得詒公運齋書

初四日晴

還塞上

重午日晴

與三兄八弟談蝤鮮羈愁 八弟近遊浙江省城 螺師朋肯譯術

初六日晴

同八弟過子峨午後張子龍來

初七日晴

子峨来談　閔郎報潤師乞病開缺

初八日晴

八弟往答子峨(蘇)則已蘇萬全矣午後子峨前輩来

初九日晴有風

三兄八弟回都寄復高陽謹卿安圖書

初十日晴

過子峨雜談遣悶

送張子龢赴内邱薄暮子龢来久坐

十一日晴

枯坐檢閱書目殊無所得

十二日晴

命蒼兒隨余睡自課之陳兒仍隨館師

褚福自沙城祈回得八弟及琴生書琴生並惠蟹豆莧菜

十三日晴

晨起得伯平書卅二作復並犒來使二金

十四日晴

龍松琴以語翁書金剛經見示乃蜀僧含澂光緒二年據乾隆間宋

平石刻摹泐者宋平所刻即仿跡摹本亦尤劣松琴謂其不若晉人家

淞非也他日當還之

聞鐵香劾畸成將還南越語論余之罪也不禁潸然

十五日晴

十六日晴甚熱

楊仲宏集提要宋代詩派凡數變西崑傷於雕琢一變而為元祐之朴雅元祐傷於平易一變而為江西之生新南渡以後江西宗派盛極而衰江湖諸人欲變之而力不勝於是仄徑旁行相率而為瑣屑寒陋宋詩於是掃地矣載生於詩道弊壞之後以風規雅贍雍雍有元祐之遺音史之所稱固非溢美故清思不及范梈秀韻不及揭奚斯權奇飛動尤不及虞集而四家並稱終

無怍色蓋以此也

十七日晴　寄香翁書　交再同十九日由閬峯攜去

十八日晴甚熱

十九日晴

王芝卅解館歸　教法太陳之婉詞郤之並贈贐而去　遣閬峯送之入都

二十日雨

近日山城時雨而雨不能久但濛濛之延

二十一日晴

得再同書寄蜜漬荔支一器日本刻管子一部羊毫筆五支

午後天峨來

彭千總赴郡領餉交琴生一書與之

二十二日晴

與伯平期於積兒嶺假一車一騎餞其內出南門過昌隆寺至胡家屯

早飯屯距已五十里兒過居衛舊城約三里望見至屯旅肆甚破渡洋河飯後越盤腸河四十里宿舊懷

安慶元店

二十三日晴

晨起二十里至懷安城又四十里至積兒嶺伯平於昨夕已至矣相見

歡甚

二十四日晴

與伯平在逆旅雜談竟日

二十五日晴

晨起與伯平別驟途遇雨行八十里宿夏家屯旅肆甚陋

二十六日晴

行四十里未刻回寨上伯平贈余及子峨各百金過子峨要之

時子峨二姪與女至寨以刀鐶夢斷故也

廿三日琴生有書廿五日八弟安圃有書汪柳門復書並至

二十七日晴

彭舟昧得琴生和送菜謝詩具高渾處非余所能到

夜作致合肥書洪翰香書交琴生寄

二十八日晴夜微雨

二十九日晴雨相間

子峨來談

以琴生送寄豌豆蠶英欲作兩詩答之而興致不佳雖吟成疊韻

而已

寵下僕俞德松乃倪泰之甥相隨日久前月抄以家事辭去至是遂

包長假乃復役一兵以助袁開福

三十日大雨

寄琴生書　閱奏疏得安圃書夜作復函並寄復再同書

六月一日晴

得樂山書知臘月支合肥處寄鄂之函竟不浮沉可賀也

午後琴生遣姬升来知其三三兩部居均到郡並得合肥書及暑藥一

乞廖穀士寄銀百兩　永峻峰来

初二日晴

本欲赴郡車已駕矣而天駿並雨乃解驂既乃大晴其雨其雨杲杲出日可

以悟世事也

午後永峻峰送扇一握及衣服食物受其書畫箑及食物三種

初三日晴

晨赴蒼峻峰處巳之交赴郡謁幕主仍宿北海軒琴生遣其二郎出見名恆頤字淵若

初四日晴

琴生遣其二郎出見名恆謙字谷若時新病初愈　谷若已入學貌極秀雅淵若稍發而目有神一谷若以文二篇見示理清筆活可造才也淵若文尚未檢出琴生謂遜于其兄　午後王鎮龍不相繼而至

初五日晴

琴生廳事有異蝶蹁躚而至繞余衣袂間似太常仙蝶塞上不恒見也余以為點綴入詩便似東坡儋耳五色雀之祥文人狡獪不過如此耳与石生過慶沂臣校官閱其所藏書畫王覺斯一長卷最佳琴生亦出示董香光游虎邱詩冊

初六日晴

辨色而起自鄙還塞上尚未午也得安圃書及八弟津門九弟蘆臺書再同寄畫墨荔扇及荔枝二律來

周礼大司馬以旌為左右和之門注和今謂之壘門立兩旌以為之佛貴氏設車宮轅門為壇壝宮棘門為帷宮設旌門穀梁置旃以為轅門故

蔣亦石渠門尹汪管二子來明

初七日晴

作和再同密清荔支詩

初八日晴

劉子進來談

初九日陰雨 琴生書來

初十日晴

耳痛垂十日連日左耳流汁不止殆肝火上升也不能觀書悶甚

玉海張敞集一卷 唐二卷 傳諫昌邑王書 言霍氏封事 請自治盜賊書 諫太后出游獵書 請公車上書

按伯厚時張集已佚故僅摘本傳之目耳

十一日薄莫微雨

三疊再同韵較原稿稍妥午後隨手檢二居人詩閱之

昨夢甚奇見青天無雲赤日之旁忽有字十餘行而以淡霞覆字於霞中歷歷可辨

十二日晴

十三日晴

十三日晴

十四日晴

十五日晴

以玉海還郡　琴生書亦來

十六日晴

琴生送藥方來並餽瓜藕

十七日午後快雨

寄黃再同書　安圃書

昨夜服琴生方耳稍愈得雨胃腸稍舒竟日閱蘇詩

十八日雨

四庫全書提要春秋通訓六卷永樂大典本宋張大亨撰是書自序

謂少陽春秋於趙郡和仲先生考宋蘇軾年譜軾本字和仲又蘇
洵族譜稱為唐相蘇頲之裔孫系出趙郡今所傳軾題煙江疊
嶂圖詩石刻末亦有趙郡蘇氏印然則趙郡和仲先生即軾也
蘇籀雙溪集載大亨以春秋義問軾軾答書云春秋儒者本
務然此書有妙用學者罕能領會多求之繩約中乃近法家者
流苛細繳繞竟亦何用惟左丘明識其用終不肯盡言微見端兆
欲使學者自求之云云與大亨所序亦合蓋其學出於蘇氏故議
論宗旨亦近之按坡公集有答張嘉甫書較雙溪集所載尤詳
蘇明允族譜自云昧道之裔據要似未詳核

丁亥

十九日雨

昨夜枕上作謝琴生瓜蓮為詩交丙寄宣

東坡先生說論語已佚今從欒城集論語拾遺輯三條朱子集注輯八條宋余允文尊孟讀辨中有辨坡論語說八條王若虛滹南老人集有孟子辨惑一卷亦蘇氏解論語孟子辨者八其論差勝亦皆失其本旨即余所辨之八條也益以文集所載如剛說思堂記之類略見一斑矣

二十日晴旋雨

寄姚安崖洽道碑與琴生並徽三絕

得伯平書寄集杜八首

二十一日晴

得仲彭書知楊啓泰殁當其弟楊棨入署

安圖書來知近日太白經天七月朔日食今年月食三次王雲舫三被對

惜不能因時納諫負此前席吳明湖試輪船〻覆舉生亦溺死云曾

侍郎建議以粤海六廠歸陳赫德督撫監督不得過問者蓋力爭為

孫詒所讒大受申飭高陽因弔沈潤臣中暑者去本微恙亦夜微也

入夜耳汁又流蓋積鬱所致

二十二日晴

腹泄悶甚

二十三日晴

丁亥

三五

檇蒼兕至郡

二十四日晴

過王楓臣略談

二十五日雨

早中流汁止王楓臣來

二十六日晴　萬壽聖節

送蒼兕以朱大香讀

二十七日晴

嘉道來

二十八日夜大雨如注

二十九日晴

七月初一日午後雨是日日食

荅吉道及賀仝

初二日晴

琴生赴袁來慮四午刻余亦踈塞上

踈得合肥六月廿二日書

初三日陰雨

複合肥書

劉子進何子峨均来

初四日晴

答子峨少坐即返

初五日晴

初六日陰夜雨

初七日晴

寄覆伯平及洪翰香書均託琴生分别交遞俗事稍清精神已爽

仍理舊課矣

初八日夜雨

得常世兄及王雲舫書

初九日晴夜雷雨

初十日夜大雨

十一日雨竟日

十二日晴

得安圃書

十三日晴

十四日晴

芳峨來談

十五日晴

達朱存入都復常師母書

十六日晴

十七日晴

十八日晴

得安圃及再同書再同復寄孝達書及蓀文龍眼來

十九日晴晨微雨

以蜜漬蓀文寄琴生

復再同及安姪書念及國事家事意緒殊惡

于州堂石影

二十日晴

得琴生復書

廿一日晴

廿二日晴

楓臣趙多倫諾亦過此見訪晚答之

廿三日晴

廿四日晴夜雨

廿五日陰

廿六日晴

遣潛赴部

子峨來

廿七日晴

廿八日晴

潛光縣得琴生書

得安圃書

廿九日晴

復安圃書

夜讀王介甫蘇說不覺失笑

八月初一日晴

過子峨

初二日晴

初三日晴

朱存田丞圖為延山東黃縣由孝廉升堂来課兩兒並得高澔

師及再同廉生書

初四日晴

得佁平書

初五日晴

得管子義證後將戴校勘正一過
楓臣來晚答之
初六日晴
沈秉成為廣西巡撫
午後何子峨來談
初七日晴
夜獨酌微醺閱韓子一卷
初八日晴夜頗涼
登城縱目秋氣易悲

韓子和氏篇商君教秦孝公以連什伍設告坐之過燔詩書而明法令是燔書之禍萌芽於此先輩未嘗拈出

初九日晴

得趙菁衫書

琴生驛書至薄莫復得書並惠果餌

過天峨

初十日晴

得安圃書

十一日晴

十二日晴

得合肥復書自琴生處來

十三日晴

劉子進送鰱頭肥以酌取醉

子峨來少坐即去

十四日晴

吉雲帆來求為其母槃香集序今日清暇撰成應之

十五日晴

十六日晴

十七日晴途中遇雨是日塞上雨甚大

琴生遣車來辰刻返郡

十八日薄莫急雨

琴生邀同劉子進夜飲

十九日晴

鎮道來

二十日晴

二十一日晴

遣蒼先回塞上午初答吉道晚鎮署招飲

二十二日晴
回塞上
廿三日晴
廿四日晴
廿五日晴
廿六日晴
廿七日晴　汪修靡蕭成
廿八日晴
署萬全陳大令來縉甫舉人

廿九日晴
于峨來示其子文數首頗有進境
三十日晴
得安圃書又病矣悶甚午後飲酒陰雲作雨不成
九月初一日晴雨雹霰一日中變幻不測
初二日雨
爲于峨世兄閱文過于峨遇楊孝廉振鎣乙卯舉人
初三日晴
兼仲以舉業見示爲之改正儀封人全章

得安國書

初四日晴

得九弟書時在都中

夜讀易

許君稱易孟氏偶錄解字於左方

乾上出也从乙乙物之達也倝聲 𠃵籀文乾 乙部

業与泰首出庶物義合 萬物資始

潛 涉水也一曰藏也一曰漢水為潛从水朁聲 業藏也乃易義 潛龍勿用 陽氣潛藏

龍 龍鱗蟲之長能幽能明能細能巨能短能長春分而登天秋分而潛淵从肉飛之形童省聲

于州堂石影

田陳也樹穀曰田象四口十阡陌之制也

夕惕若厲 說文骨部䯤下引讀若易曰夕惕若厲 夕部夤敬惕也从夕寅聲易曰夕惕若夤

張皋文易義別錄引之於孟氏易下云許亦傳采衆家古文故兩引輒

誤未可正為孟氏異無夤字 段氏改夤為厲云引易說从夕之意以

惠氏周易述作夕惕若夤以厲為非 王氏筠于夕部引易直刪去 鈕氏樹

玉亦據韻會以引易乃小徐非許原文而以今本繫傳為後人轉改 鈕云漢書王莽

傳孫竦引夕惕若厲淮南人閒訓應劭風俗通後漢張衡並作厲

案乾夤為韻有从夕字為是

惕敬也 王據元本改敬為驚也非是

淵回水也从水㒸象形左右岸也中象水皃㒸淵或省水囦古文從口

丁亥

四三

豐潤張氏澗

淮南繆稱訓易曰亢龍有悔

注人君動極在上故有悔也

姚氏未引之節下全錄

天顛也至高無上从一大

亢龍有悔 亢人頸也从大省象頸脈形凡亢之屬皆从亢頏亢或从頁

忼慨也忼慨壯士不得志於心也从心亢聲一曰易忼龍有悔

段云許所據孟氏易段借字一曰易當作易曰淺人以忼慨忼龍義殊妄

改 王云當改作亢雖凡注字據副作忼並明當位 鄭注康讀為亢龍

王元周作亢也、 王說大謬 鄭注知亢龍正當作忼龍言慷即忼之或體 此壯士不得志與賢人在下位意適

首 𦣻百同古文𦣻也巛象髮髮謂之鬊鬊即巛也

劉向說苑至公篇孔子曰巍巍乎惟天為大惟堯則之易曰無首吉此蓋人君至公也夫以公與天下其德大矣未知何氏易說之義

初五日晴

坤 地也易之卦也从土从申土位在申 疑乾下亦當有易之卦也白而妄人删之

迷 惑也从辵米聲 得 行有所得也从彳㝵聲古文省彳

西南得朋東北喪朋安貞吉

朋古文鳳象形鳳飛羣鳥从以萬數故以為朋黨字

霜 冰

習 數飛也从羽从白 部首

含章 含嗛也从口今聲 章樂竟為一章从音从十十數之終也

淮南繆稱訓詩曰執轡如組易曰含章可貞動於近成文於遠 姚氏飛引

括囊 括絜也从手昏聲 段曰絜者麻一耑也引申為絜束之絜 易括囊借為昏字 口部昏塞口也从口氏省聲 氏音厥

黃裳

野 郊外也从里予聲 壄古文野从里省从林

血 祭所薦牲血也从皿一象血形 部首

初六日晴

屯 難也屯韻會引有象草木之初生屯然而難从屮貫一屈曲之也一地也易曰屯

剛柔始交而難生 屮部 一篇

利建侯 建立朝律也从聿从廴 二篇下廴部 侯春饗所射侯也从人从厂象張布矢在其下天子射熊虎豹服猛也諸侯䠶熊豕虎大夫䠶麋麋惑

也士䠶鹿豕為田除害也其祝曰毋若不寍侯不朝于王所故伉而䠶汝也

陸稱刊殺易曰乘馬班如注
血漣如書亦人廢非其位不可
長也注稱乘馬班如難也故
有泣血之憂 移後

馬部驙駗驙也从馬亶
聲易曰乘馬驙如
駗馬載重難也
与走部義亦通
段謂許所據易當是上
因作駗如驙如皆論甚
移 臧校釋文以爲馬
曰難行不進之見亦當作
驙 王校說文曰馬季長
作驙 恐無所本存疑

磐桓 本亦作盤亦作槃

般辟也象舟之旋从舟从殳殳所以旋也 舟部八下 釋文馬云槃桓旋

也 段槃爲般 槃承槃也从木从皿籀文

亘求亘也从二从回回古文回象亘回形上下所求物也 桓亭郵表也借字

邅如 邅邅趁也从走亶聲 趁邅也 走部二上

班如 班分瑞玉 一上 頒大頭也从頁分聲 九上 虞注班躓也馬不進故班如矣

匪寇婚媾 寇暴也从攴从完

婚婦家也禮取婦以昏時婦人陰也故曰婚从女从昏昏亦聲 媾重婚也从女冓

聲易曰匪寇婚媾

女子貞不字 字乳也从子在宀下子亦聲 虞云字妊娠也義同

周易上 丁亥

四五 豐潤張氏瀾

嘐然訓高往即獻也虞以論
獸虞欺也幾終也獻良獸
七面入林中幾終我如舍之
使之不終之如其舍也

即鹿无虞

虞騶虞也白虎黑文尾長於身不食生物至信之獸从虍吳聲詩曰于嗟乎

騶虞

膏 肥也 肉部四下

泣血漣如 泣無聲出涕曰泣 瀾大波為瀾瀾或从連

初七日晴

蒙王女也从艸冡聲 冡覆也从冃豕 冃部七下

段云凡蒙覆僮蒙今皆作蒙依古當作

冡

余案由从草木之初則蒙亦當从草未草猶屈曲蒙則草生可覆矣引申為

童蒙 王女之蒙亦以其形得名也

童蒙 僮未冠也从人童聲 人部八上

童男有辠曰奴奴曰童女曰妾从辛重省聲

釋文字書作僮鄭云未冠之稱是鄭从許也今僮皆省作童不出說文

再三瀆　黷握持垢也从黑賣聲易曰再三黷

說文以瀆為溝

發蒙　發䠶發也从弓癹聲

諸家未釋發字

桎梏　桎足械也从木至聲　梏手械也从木告聲

鄭注木在足曰桎在手曰梏从許

以往吝　口部吝恨惜也引易曰以往吝　辵部遴行難也引易曰以往遴

段云許偁孟氏或兼偁他家或孟易有或本以意度之詞

包蒙　包象人裹妊巳在中象子未成形也元氣起於子子人所生也男左行三十女右行二十俱立於巳為夫婦裹妊於巳巳為子十月而生男起

巳至寅女起巳至申故男年始寅女年始申也

案許君此說與易義最合虞注震剛為夫伏巽為婦以剛接柔正與許同

因悟巽之於兩巳亦是此義也

擊蒙　擊攴也　手部　攴小擊也

初八日晴始衣裘

午後子峨來談琴生遣人來送菊四盆

需　須也遇雨不進止須也从雨而易曰雲上于天需　雨部十一下

利涉大川　川貫穿通流水也虞書曰濬く巜距川言深く巜之水會為川也

郊　距國百里為郊从邑交聲

沙　水散石也从水从少水少沙見楚東有沙水譚長說沙或从止

泥　泥水出北地郁郅北蠻中从水尼聲　北部　𡏦　反頂受水北也从北从泥泥省泥亦聲

出自穴　窋室也从穴出聲

不速之客　速疾也从辵束聲　客寄也从宀各聲

陸釋文引釋詁曰速疾也釋言曰徵也召也馬云召也按如許解是言非急疾之客耳

九三爻致寇至釋文鄭王肅作戎小言虞亦作戎也而張皋文亦改寇為戎非是

初九日晴

聞邸報高陽授禮部尚書為之一喜高陽參政專以扶持善類為主乃以越事罷去清議惜之閱三年復長春官正氣稍伸於以見

三聖之知人

千峨以試律偽改竟日始畢以銅琵鐵綽板而使之唱曉風殘月矣

惡作劇也

初十日晴

琴生書來言河決鄭州由賈魯河趨潁入淮徐屬一帶千里為壑

恐河將改轍而南余之初論河不當南挽之說驗矣下游不暢上游已

橫決矣

兩日來因改詩未及讀易

易窗日記

光緒丁亥九月十一日晴

作書寄高陽

訟爭也从言公聲

窒惕 窒塞也 虞云窒塞止也 馬鄭均作咥 王弼謂窒塞也

不永所事 永長也象水巠理之長詩曰江之永矣

象曰訟不可長也詩所今虞注永長也坤为事初失位而为訟始 業永象水巠理故之初故不永所事說可補虞至不及

歸而逋 逋亡也从辵甫聲

无眚 目病生翳也

錫之鞶帶終朝三褫之

鞶大帶也易曰或錫之鞶帶男子帶鞶婦人帶絲
褫奪衣也从衣虒聲讀若池

虞注鞶帶大帶男子鞶革本於許居 三褫作三拕 說文拕曳也

十二日晴

過子峨得再同書

讀范史王景傳恨讀漢書不志河渠　宋神宗熙寧十年七月河決澶州

澶州曹村在今開州西南

為南北分流之始　元符二年哲宗六月河決內黃　初元祐

中議回河東流范子奇建議文潞公呂正愍大防及安燾謂河不東則失中國之險為契

丹之利范純仁胡宗愈蘇轍不可范百祿行視罷之而吳安持李偉復主其

張秋鎮在泰安府東阿縣西南運河所經與壽張陽穀二縣接界

說紹聖初舉行之至是河決內黃東流斷絕吳安持等三十人降責有差

案東坡有聞黃河已復北流老臣舊數論此詩二首是阻回河之說二蘇皆同其詳見上見大注並蘇詩

十三日晴夜雨

明景泰四年徐有貞以諭德為僉都御史治沙灣決口時河南水患方甚原武西華內黃縣皆以避水有貞上三策一置水閘門一開分水河一挑深運河上用其策於是設渠以疏之起張秋金隄之首西南至濮陽濼博陵陂壽張沙河東西影蕩白領灣李隼凡五十里由李隼而上至竹口蓮花池又抵大潞潭凡五十里乃踰范暨濮又上而西北數百里經澶淵以接河沁又築壩九以禦河流旁出者長各萬丈實之石而鍵以鐵六年七月成渠名廣濟沙灣之決垂十年

至是始塞亦會黃河南流入淮有貞始克奏功 明史河渠志

有貞本名珵以倡議南遷為景泰所惡改名求進而才足濟之

十四日晴

咸豐元年閏八月楊以增奏八月二十日豐北廳屬豐下汛三堡迤上無工處所決口 二年四月以兩次決口楊以增革職留任陸建瀛以總督降四品頂帶 三年二月蕆工八月復漫口

其弊由於時以軍興餉絀不克復堵五年六月下北廳蘭陽三堡銅瓦廂黃水漫溢 帶北進口 八年三月派瑞文端及慶祺往勘十年沈兆霖奏孫嘉淦乾隆間所謂由大清河至利津入海即現在黃河所改之道摘之

東省紳士云張秋以東自魚山至利津海口皆築民堰惟蘭儀之北

于艸堂石影

張秋之南則黃河自決口而出汎濫汪洋工程最鉅直隸之東明長垣山東之菏澤鄆城培築又較張秋為易張秋下游至海明不必施工惟[illegible]之至張秋數百里間可令民間自捐辦理　旨飭各督撫議行蓋自咸豐乙卯至今河又改北流而南矣二十三年

十五日晴

十六日晴

午後石秀才自宣府來留之小酌

十七日晴

送聘之後過子峨小坐連日偶有感冒倦甚

十八日晴

閱潤民師月初過津此當到霸州矣擬遣褚福往候之病中強作一書

百感交集

十九日晴

病小愈讀蘇詩午後得宣六二兄書

二十日晴

遣褚福行寄安圃書又復再同書

午後子峨來談

前子峨以其手制藝來改題為子莫執中執中為近之趙岐注子莫魯

之賢人也。朱子因之，他書無攷。焦里堂作正義，第引或說，謂莊子有儒
墨楊秉，疑子莫即秉，亦無顯據。惟說苑修文篇公孟子高見顓孫子
莫曰：敢問君子之禮何如？顓孫子莫曰：去尔外厲，與尔內色勝而心自取之。去
三者而可矣。公孟不知，以告曾子，曾子愀然逡巡曰：大哉言乎！無外厲者必內
折色勝而心自取之者，必為人役。是故君子德行成而容不知，聞識博而辭
不爭，知慮微達而能不愚。疑孟子所稱之子莫即其人也。錢大昕云史記
以子張為陳人，而呂氏春秋云子張魯之鄙家也，學於孔子。或陳或魯，二說皆
是。春秋傳陳公子完與顓孫奔齊，顓孫自齊來奔，子張當是陳顓孫之
後，以字為氏者，故稱陳人。子張既從孔子游，而其子申詳為魯繆公臣，則

丁亥

居於魯非一世矣余業據顓孫自齊來奔則顓孫氏可云魯人以趙邠卿注魯之賢人斷之其為顓孫子莫無疑

又案荀子非十二子篇弟佗其冠神禫其辭禹行而舜趨是子張氏之賤儒也論語禹行而舜趨也論語堯曰允執厥中舜亦以命禹與子莫執中相類　韓非顯學篇亦有子張氏之儒

二十一日晴

略愈作寄八弟書晚讀通鑑十餘頁

二十二日晴

神氣已復欲定讀書課程而未果覺兩年來大為蟣虱所困讀

書漸趨頌碑思有以參之

二十三日晴

得安圃及琴生書 九弟已回蘆台

二十四日晴

二十五日微雪漸霽

呂覽諭大篇地大則有常祥不庭岐毋羣抵天翟不周山大則有虎豹

熊螇蛆 高注常祥不庭岐羣抵天翟皆獸名也 螇蛆下注皆獸名

不周山名翟 郝氏山海經箋疏輯高注錢侗校以不庭顧紙 不周見於

大荒東西兩經又大荒之中有山名曰常羊陽後文又有常羊之山大荒

東經有攻母之山即呂覽峻毋惜天翟不得其說余纂淮南墬形訓元燿不周天翟元燿字形相近高彼形注元燿次名一曰山名疑呂覽注天翟當山名當作皆山名不周山在翟西當次于此而廁龍蠕蛆下則日當與危永崦以諸山為歎名也 呂覽又云弁山之下不周之雜

譽

二十六日晴

淮南詮言訓故廣成子曰慎守而內周閉而外多知為敗毋視毋聽抱神以靜形將自正不得之己而能知彼者未之有也故易曰括囊無咎無譽 此以廣成之慎守解易之括囊尚不失夫子言慎之意視高子齋儒之解為勝

二十七日晴

史記項羽本紀范增勸羽擊沛公曰吾令人望其氣皆為龍虎成五采此天子氣也急擊勿失夫羽果信望氣者言彼既有王氣何多擊耶不信望氣則此亦不足激動之也亞父亦無聊矣

二十八日晴

得琴生書晚作書復安圃

二十九日晴

過子峨

陳平曰我多陰謀是道家之所禁吾世即廢亦已矣終不能復起以吾多陰禍也夫陳平之陰禍孰有大於偽游雲夢者夫信果

反帝往適爲之禽耳知其必不反而畫此策以待之豈非陰禍

十月朔日晴

閱邸抄高陽派至河南閱河工會同薛允升察視具奏九月

廿五旨也

寄安圃書並致高陽書

初二日晴

初三日晴

初四日晴

非日章谷若正夫遣僕送食物來作書復之並致琴生書時琴

生衍縣未面也

王楓臣因石聘之求作武成王廟記昨日得暇作之並廟反

關祠漢李將軍王淯陵合祠聯

初五日晴

子峨來

徐武功塞沙灣築一決口下木石則卷無者心怪之聞僧信山中有道有貞往叩焉僧無所答徐曰聖人無欲洗思竟日悟曰僧言龍有欲也此其下有龍穴吾聞之龍惜珠鐵能銷珠乃鑄鐵萬斤而下之龍一夕徙而決口塞明史紀事本末載之余謂事殊恢詭非僧冥無所知姑為不

何解之言以塞責耶徐攻成後目明神奇遂為是說耳

初六日晴

萬全金來卻之

初七日晴

午後答客過劉同知小坐

夜作寄安圃再同書

初八日晴

寄琴生及石騁之書

初九日晴

夜作致合肥書

初九日晴

禧聖萬壽聖節 適值憲廟依斗望宸

子峨來談

初十日晴

十一日晴

送靜邨將入都時有詒吕之也往送略談 聞靜邨送陳仲華云 穆春崖已故

十二日晴

十三日晴

過子峨暢談

晚辰聘之書來

十四日晴有風

得再同書並香濤寄書及筍晚琴生自宣行縣過此

十五日晴

午後琴生去

作復香濤及再同書

安姪書至附潤師及方銘山書

十六日晴

作漢安函及潤師方道書
胡合肥有舌疾作書候之附高陽書
十七日晴
景介臣來
十八日晴
過子峨略談
十九日晴有風
夜讀山谷詩
二十日晴

堅靜卿來

二十一日晴

得琴生書

二十二日晴

寄嬰圃書

二十三日晴午前大風微霰旋止

得樂山來書已卸督篆

二十四日晴

復樂山書

夜捡孝達所寄粤刻書内有墨緣彙觀題都泉老人乃汪文端公自號而粤雅堂刻作無名氏跋矣細閲乃安儀周撰

二十五日晴

得合肥書廿二日書三日到殊速又得九弟書

二十六日晴

夜劉子進來談

二十七日晴

午後子峨來

二十八日晴　晨霰旋霽

秀錄山自都寄贈食物

二十九日晴午後有雪意

遜子峨錢香寄贈洋爾及肉

三十日晴

寄滇八弟及戴之書

十一月初一日晴

得琴生書

初二日晴

初三日晴

雨日中作書十餘紙

初四日晴

昨得琴生書按過郡車來赴之

初五日晴

聽王楓臣不聽之

初六日晴
同聘之過慶治臣校官晚琴生全中飲
初七日晴
寄復合肥書晚治臣來王鎮臣飲
初八日晴
睞塞上得安姪書病未大愈又得子通書臣改京府通判
定靜邨授東三省練兵大臣
初九日晴

天氣漸寒午後子峨來
瀛安圖書並寄馬律韻府
初十日晴
連日呵筆肆書所謂東坡何事不違時也
十一日晴
十二日晴
得再同書
十三日晴甚寒
十四日晴

得張全書

十五日晴有風

復張内邱及趙菁衫書

十六日晴

十七日晴

復冉同書

舊唐書劉洎傳太宗遼東還在道不康洎與中書令馬周入謁

洎出遂良傳問起居洎泣曰聖體患癰極可憂懼遂良誣奏之曰洎云國

家之事不足慮正當傅少主行伊霍故事大臣有異志者誅之自然

宗矣太宗疾愈詔問其故洎以實對又引馬周以自明太宗聞周之對與洎所陳不異遂良又執證不已乃賜洎自盡洎臨引決請紙筆欲有所奏憲司不與洎死太宗知憲司不與紙筆怒之並令屬吏又崔仁師傳二十二年仁師甚承恩遇中書令褚遂良頗忌嫉之會有伏閣上訴者仁師不奏太宗以仁師罔上遂配龔州如所言則河南竟非端人矣疑劉洎輔太子監國時對太宗有大臣有愆失臣謹即行誅之說已為太宗所疑後又有聖體可憂之言並怒殺之不關登善之讒也後河南既貶其子弘業欲為洎頌冤託之河南之譖其說爲申與仁師之罔上肆咎河南同一不根之謗

書竟又閱樂彥瑋傳顯慶中為給事中時故侍中劉洎之子詣闕上言洎貞觀末為褚遂良所譖枉死稱冤請雪中書侍郎李義府又左右之高宗以問近臣眾希義府之旨皆言其枉彥瑋獨進曰劉洎大臣舉措須合軌度人主暫有不豫豈得即擬負國先朝所責未是不愜其國君無過舉若雪洎之罪豈可謂先帝用刑不當乎據此則劉氏託為河南所譖又以迎合義府其迹顯然非彥瑋之駁則不待則天時復寃矣並所謂國君無過舉者語亦未允

又盧承慶傳永徽初為褚遂良所構出為益州大都督府

長史遂良譏又求索承慶在雍州舊事奏之由是左遷簡州司馬其時河南秉政所構何書二當直書以定是否

又李昭德傳父乾祐與中書令褚遂良不協竟為遂良所構永徽初繼受邢魏等州刺史乾祐雖強直有器幹而昵於小人既典外郡與令史張友書疏往返令伺朝廷之事俄為友人所發坐流愛州

十八日晴

過子峨略談

十九日晴

王鎮遣人送野雞

新書以竇參入相為李鄴侯所薦案舊書裴延齡傳延齡與京兆尹辨是非攻訐叔則之短時李泌為相厚於叔則中丞竇參恃恩寵惡泌而佑延齡叔則坐貶為永州刺史延齡以著作郎竇參季作相用為太府少卿轉司農少卿據此則李竇有嫌鄴侯未必密薦時中德宗察察矜獨斷卜相不必許大臣預謀此蓋李繁家傳中鋪敘以見其父之恩遇隆重也宜辨正以雪鄴侯之冤新書亦無鄴侯薦竇事

二十日晴

碑為畢秋帆所得
歸靈巖山館

舊唐書賀知章傳門人孫季良等立碑後附孫季良傳河南偃師人名翌開元中為左拾遺集賢院直學士撰正聲詩集三卷行於代唐碑有渤海高府君碑乃孫季良撰結銜為麗正殿修撰學士校書郎孫翌字季良是季良乃翌之字足正史誤孫書法甚秀高府君乃力士之父名福字延福高力士乃延福之養子見舊唐宦者傳延福出甘武三思家碑諱之其文云以大將軍之故特拜朝議大夫守內侍員外置力士以天寶初加冠軍大將軍右監門衛大將軍延福以開元十七年卒十二年葬何力士已稱大將軍與傳不符楊思勗開元十二年加輔國大將軍豈力士與之並附命耶要之此碑殊足為季良之証亦不幸而傳者也

二十一日晴

得琴生書改谷卷又兩篇交其來人

二十二日晴

子壽又擢蘇藩作書致再同

午後得安圃書病尚未愈可慮也附八弟兩書無恙甚困又附

袁爽秋書

二十三日晴

得琴生書子峨來談

二十四日晴

于艸堂石影

得合肥書延安圖王集賢書院講席致安圖書告之

二十五日晴

王鎮送雁敬序求跋

二十六日晴

彭千總回得石生書

過于小峨晚劉丙知來久坐

二十七日晴

作唐襄陽張氏八誌跋尾並補正新書世系表之誤

晚龍松琴來

二十八日晴

得安圃及鶴巢書

午後答杉琴

二十九日晴寒

田宏正由魏移鎮以魏兵二千為衛從自以與鎮人戰伐有父兄之怨表留魏兵度支使崔倰固阻其請不報（四上表）業宏正恭順而無術此事關係甚鉅若姑以家財養之而力爭之於朝雖十往復可也七月踈半月抄遇害崔倰之畜財誤國誠不容誅而宏正之進亦近於愚矣

十月初一日晴

寄凌安圖及鶴巢書又作復合肥書交琴生以駐蔵序還王

鎮

初二日夜雪

初三日雪

楊順自宣州歸借琴生華山残碑来

初四日晴

寄安圖及奭秋滾書

初五日晴

初六日晴

初七日晴

劉子進来

初八日晴

由竹亭解館

初九日晴

遣褚福送田師回寄安函及再同廉生書

午後子峨来話

蘇端見杜詩一蘇端薛復筵簡薛華一雨過蘇端工部詩文章

于艸堂石影

有神交有道端識得之名譽早又云蘇侯得數過惟責無傾倒似

端乃古文業舊唐常袞傳楊綰卒有司議謚文貞袞微諷比部郎

中蘇端駁之毀綰過甚端坐黜官楊綰傳貶端為廣州員外司馬楊公

權賢相而端受常袞之情數之窘匿于乎綰初謚文貞後改文簡豈仍以

端之駁而袞陰主之耶

郭英乂以御史中丞兼太僕卿充隴右節度使唐書注云兼御史中丞新

舊皆並蓋略之也英乂附元載魚朝恩史稱其狂蕩怖罪工部贈詩云人

頻墜塗炭公豈忘精識觀其從掾東都延及鄭汝豈復念及塗

炭哉工部詩中進酬之作不少長排尤此之皆是分別觀之

丁亥

初十日晴

十一日晴

十二日晴

得安圃書並誼卿書

夜劉子進來時備官期滿

十三日晴

復安圃及誼卿書

十四日晴寒〻甚

十五日晴寒〻意〻減

十六日晴

十七日晴

得再同書附壽翁一帋並三十金、又得陳伯平書

十八日晴

子峨來談

十九日晴

東坡生日於吉兒答齋懸東坡像偕兩兒致祀

得安圃手函書並筆四枝

二十日晴

午後辰驛之日宣郡來云琴生患喉證溫疹不出擬即覓車俟

之旋得蕢灝書琴生已於午刻去世駭愕之至時已薄莫復寒

夜發宿榆林

二十一日晴

四鼓自榆林啟行侵晨至郡哭琴生則其諸子女婦無一不傳

染疫氣者急為延醫診治而負甫受病已深其小女疾不可

為矣晤鎮道致合肥書

二十二日晴

琴生小女殤

二十三日晴大風

二十四日晴

褚福自都回得安圖及再同書

二十五日晴

四叔貞甫父殉二十四日貞甫大人之小祥亦竊冀貞甫可免不料仍不能免可悲也

二十六日大風

二十七日晴

琴生於歛父子同日悲夫

二十八日晴

蓉若病已小愈真四弟已就痊時過年除午後余課塞上

又得安圃廿三書附廉生暨吳子寔書

二十九日晴

過子峨夜劉子進來

四鼓得合肥書

三十日晴

遣人赴邸致鎮道及蓉若書